Dorothee Sölle Wählt das Leben

Kreuz Verlag

4. Auflage (23.–24. Tausend) 1986
© Kreuz Verlag Stuttgart 1980
Gestaltung: Hans Hug
Gesamtherstellung: Ebner Ulm
ISBN 3 7831 0595 1

Inhalt

1. Glauben als Kampf
   gegen objektiven Zynismus   7
2. Sünde und Entfremdung   33
3. Kreuz und Befreiungskampf   69
4. Christus – die Würde des Menschen   87
5. Auferstehung und Befreiung   111
6. Der argentinische Kontext   137

Die Überlegungen der folgenden fünf Kapitel stammen aus einer Vorlesungsreihe, die ich im September 1979 in Buenos Aires gehalten habe. Aus Gründen der Authentizität habe ich darauf verzichtet, den Vorlesungsstil für die Veröffentlichung in Buchform grundlegend zu ändern. Von den politischen Verhältnissen, die ich in Argentinien kennenlernte, berichtet das 6. Kapitel, dessen Inhalt mit meinen theologischen Erwägungen in engem Zusammenhang steht.

1. Glauben als Kampf gegen objektiven Zynismus

»Das eigentliche Exil Israels in Ägypten war, daß sie es ertragen gelernt hatten«, sagt Rabbi Chanoch in den Chassidischen Geschichten, die Martin Buber gesammelt hat[1]. Ich spreche hier zu Ihnen als ein Bürger der ersten Welt, und das eigentliche Exil der Christen in der ersten Welt besteht darin, daß wir es ertragen gelernt haben. Wir sehen unser Leben in den Überflußgesellschaften nicht so an, als seien wir in Ägypten, wir haben uns vielmehr soweit angepaßt, daß wir uns mitten in Ägypten, unter der Herrschaft des Pharao, zu

[1] M. Buber, *Die Erzählungen der Chassidim*, Manesse Verlag, Zürich o. J., S. 838.

Hause fühlen. Wir Christen in der ersten Welt haben uns dem ägyptischen Lebensstil angepaßt, und wir haben die grundlegenden Vorstellungen der Ägypter übernommen, wie die Annahme, daß der Individualismus die höchste Stufe der menschlichen Entwicklung darstellt, oder die Annahme, daß die Geschichte aus einem sinnlosen Auf und Ab besteht, mal ist die eine Gruppe an der Spitze, mal, zum Beispiel nach einer Revolution, eine andere. Wir haben es sehr gut gelernt, das Exil zu ertragen, so gut, daß wir uns selber als Christen gar nicht mehr als Exilierte verstehen, als Fremde in einem fremden Land. Eher drängt es uns dazu, die ganze Welt zu ägyptisieren; wir halten die Länder, die sich noch nicht vollständig an den kapitalistischen Lebensstil und sein Wertsystem angepaßt haben, für »noch nicht« so fortgeschritten. Der Kontext unseres Lebens ist Ägypten, aber wir versuchen mit allen Mitteln, diesen historischen Kontext unseres Lebens nicht ernst zu nehmen. Lieber ontologisieren wir Ägypten und sagen, daß die Dinge, die wir nicht schön finden in unseren Ländern, der für immer gegebenen sündigen Natur der Menschen entsprechen. Einige sehr spezifische und durchaus historisch gewordene menschliche Eigenschaften wie Konkurrenzsucht, Neid und Besitzwunsch erklären wir für natürlich. Der ägyptische way of life scheint uns das Natürliche. Wir erinnern uns nicht, daß einst einige Leute die Wüste unseren Städten und den Kampf unserem Frieden vorzogen, daß sie den Hunger wählten angesichts des Fleisches, das wir essen, Fleisch, das aus dem Getreide produziert wird, das den Hungernden fehlt.

Wir in der ersten Welt haben gelernt, das Exil zu ertragen, und das bedeutet, daß wir sogar den Durst nach Gerechtigkeit vergessen haben. Wir sind eins geworden mit dem objektiven Zynismus der herrschenden Kultur.

Als ich die Einladung erhielt, hier bei Ihnen zu sprechen, habe ich mich gefragt, was ich den Menschen in Buenos Aires denn sagen könne. Ich glaube nicht, daß der christliche Glaube richtig ausgelegt ist, wenn er auf allgemeine zeitenthobene Wahrheiten gebracht wird. Kontextualität, nicht Generalität ist das hermeneutische Prinzip der Bibel. Wenn ich versuchen will mitzuteilen, was das Christentum für mich bedeutet, so muß ich nicht einen Satelliten hoch am Himmel suchen, von dem aus Botschaften nach Hamburg wie nach Buenos Aires gehen, sondern ich muß mich tief genug in das Stück der Erde, in dem ich lebe, versenken; ich muß aus meinem Kontext heraus denken, sonst werde ich ein intellektueller Manager, der überallhin paßt, oder ein Kirchenbürokrat ohne Wurzeln. Die Wahrheit ist nicht allgemein gültig, sondern konkret.

Ich kann Ihnen nicht die Theologie, die Sie brauchen, bringen, das wäre Arroganz und kultureller Imperialismus, wohl aber kann ich so ehrlich wie möglich zu sagen versuchen, warum ich, eine weiße Frau aus der Mittelklasse in der ersten Welt, den Glauben brauche; warum ich die Sünde fürchte; was es bedeutet, das Kreuz zu tragen; inwiefern Christus die beleidigte Würde der Menschen wiederherstellt und was Auferstehung heißt. Ich habe in all diesen Fragen viel von verschiedenen lateinamerikanischen Theologien gelernt; aber mein theologischer Versuch ist nicht eine Art Warenaustausch, in dem die Europäer die allgemeinen Wahrheiten des Glaubens und die Lateinamerikaner eine spezifische Anwendung zu geben hätten, mein Versuch ist, Christ zu sein im Kontext der reichen verzweifelten Welt.

Ich habe mich gefragt, was euch das geben kann, und was ihr davon haben könnt, deutsche oder nordamerikanische Theologie zu hören. Ich habe mich mit dieser Frage herumgeschlagen und will auf zwei Ebenen antworten, auf der soziologischen und auf der theologischen. Soziologisch-politisch können wir von den Plänen der Herrschenden und den technokratischen Hoffnungen ausgehen; die Unterentwickelten sollen »entwickelt« werden. Die dritte Welt ist die Welt des »noch nicht«, ihre Zukunft ist in der ersten Welt vorgebildet und dort bereits erreicht. Wenn ich versuche, die erste Welt zu beschreiben, so mache ich damit eine Aussage über das, was euch bestenfalls erwartet – im Rahmen des Modells der Entwicklung. Ich spreche damit zugleich zu denen unter euch, die uns in der ersten Welt näherstehen als der Majorität ihrer eigenen Landsleute, nämlich zu den Eliten und zu all denen, die wünschen, zur Elite zu gehören. Ich spreche aber nicht als neutraler Beobachter, sondern als eine Christin, die theologisch reflektiert. Ich beschreibe die Welt, in der ich lebe und in der ihr zum Teil schon jetzt lebt, unter theologischen Stichworten, die heißen: Ägypten, Zynismus, Entfremdung, Tod. Ich spreche über Ägypten und über das ach so schöne Leben am Hofe des Pharao, aber es könnte sein, daß ihr, vielleicht später, in derselben Gefahr des Vergessens sein werdet. Die Erziehung in der ersten Welt ist darauf ausgerichtet, unser Bedürfnis nach Befreiung zu ersticken und es uns vergessen zu machen. Ich weiß nicht, ob es in euren Schulen und Universitäten sehr viel anders zugeht. Aber vielleicht können wir uns einander gegen die geplante Vergessenheit erinnern an das Versprechen, das uns gegeben worden ist.

»Vergesse ich dein, Jerusalem,
so werde meiner Rechten vergessen.
Meine Zunge soll an meinem Gaumen kleben,
wo ich dein nicht gedenke,
wo ich nicht lasse Jerusalem
meine höchste Freude sein.«
Psalm 137,5 f.

Sich an Jerusalem erinnern, mitten in Ägypten, bedeutet, unser Bedürfnis nach Befreiung zu definieren und das Ägypten, in dem wir leben, zu denunzieren. Ich will das im Kontext der ersten Welt tun.

Anfang der siebziger Jahre hat die Firma, die Levi's Jeans herstellt, einen neuen Werbeslogan für ihre Jesus-Jeans herausgebracht, der den Geist der zweiten industriellen Revolution und der damit verbundenen Umwandlung traditioneller Vorstellungen und Werte widerspiegelt. Levi's Jeans warb mit dem Satz: »Du sollst keine anderen Jeans haben neben mir.« Der italienische Schriftsteller und Filmemacher Pier Paolo Pasolini hat diesem Slogan eine »linguistische Analyse« gewidmet[2], die einiges über die geistige Situation der Zeit verrät. Pasolini sieht eine Anfang der siebziger Jahre auch Italien erreichende »Revolution von rechts«, die tiefgreifend, substantiell und absolut neu ist, insofern sie alle bestehenden Institutionen wie Familie, Kultur, Sprache, Kirche zerstört und neu definiert. Er nennt den neuen Zustand »hedonistischen Faschismus« oder auch »consumismo«. Der Konsumismus ist die perfekte und unerbittliche Repression jeder »existentiellen Unbedingtheit«. Der Glauben an den unableitbaren Sinn des Lebens wird in der neuen Kultur nicht mehr vorausgesetzt[3]. Der Konsumismus trat auf, als das Zeitalter des Brotes, wie Pasolini das nennt, endete. Dies ist die wichtigste Veränderung in Europa seit dem Zweiten Weltkrieg, das wichtigste ökonomische, politische und kulturelle Ereignis. Pasolini behauptet, daß der historische Faschismus die Seele des italienischen Volkes nicht einmal angekratzt habe, während der neue Konsumismus die perfekte Unterdrückung dessen sei, was früher einmal Seele genannt wurde.

Der Schweizer Schriftsteller Otto F. Walter[4] beschreibt unsere Situation als den »neuen, den anonym agierenden Faschismus«. Das Leben in Westeuropa sei Leben »in besetztem Gebiet«: Unser Alltag, unsere Arbeit, unsere Beziehungen

---

2   in: P. P. Pasolini, *Freibeuterschriften*. Die Zerstörung der Kultur des einzelnen durch die Konsumgesellschaft, Verlag Klaus Wagenbach, Berlin 1978.
3   Vgl. dazu und zum 4. Kapitel des vorliegenden Buches auch meinen Beitrag in: J. Habermas (Hrsg.), *Stichworte zur »Geistigen Situation der Zeit«*, edition suhrkamp Bd. 1000, Frankfurt/M 1979
4   Vgl. DIE ZEIT, Nr. 30 vom 21. 7. 1979.

zueinander werden gesteuert von einer Okkupationsmacht, »diese gallertartige schleimige Masse Faschismus, die alles durchdringt«. In der Mitte der offiziellen bürgerlichen Demokratien hat die Okkupation stattgefunden: »Supermarkt; Großbank; Großtechnologie; Massenmedien; Kartelle; Börse; Holding; Monopol; internationales Finanzkapital«, um nur einige Stichworte zu nennen. Alle Institutionen der Gesellschaft sind von dieser Besatzungsmacht übernommen worden, sie hält sie okkupiert und höhlt sie aus: Familie, Schule, Medien, Parlamente, Kirchen, Gerichte, Universitäten, Literatur, Medizin, Stadtplanung – alles Institutionen, die früher eine relative Eigenständigkeit behaupteten und eine gewisse humane Qualität des Lebens zu verbürgen suchten. Sie funktionierten natürlich nicht problemfrei, aber in Konkurrenz mit anderen Mächten vertraten sie die Interessen etwa der Kinder, der Kranken, der Bewohner eines Viertels. Unter der neuen Macht sind sie Agenten der anonymen Macht geworden, sie dienen den Werten, die unser Leben regulieren, und sind nur erlaubt, soweit sie sich diesen Werten unterwerfen. »Hier einige Worte, um die das Glaubensbekenntnis jener Macht sich gruppiert: Wachstum um jeden Preis; Profit um jeden Preis; Konkurrenz um jeden Preis; unternehmerische Freiheit als Faustrecht um jeden Preis; Leistung um jeden Preis; Disziplin; Caritas; Disziplin; Überwachung; Kontrolle; beschränkte Haftung; Überwachung; Disziplin. Und Freizeit . . .« Die Unterwerfung des Lebens unter diese Werte vollzieht sich nicht gewaltsam wie im alten, offenen, militärischen Faschismus, sondern »soft« wie Fernsehwerbung, die das Bewußtsein von Kindern anders prägt als noch jede historische Erziehungssituation.

Die Folgen dieser Okkupation, dieser Umwandlung unseres ganzen Lebens, haben wir in der europäischen Theologie noch kaum bedacht, vor allem aber ist unser Glauben, unsere Praxis nicht auf diese neue Realität bezogen. Er ist so schwach, so abgelenkt auf Nebensachen, daß wir noch keine christliche Antwort auf dieses Ereignis praktisch artikuliert haben.

Im Zeitalter des Brotes konnte das menschliche Leben Sinn finden oder sinnlos werden. Die menschlichen Ängste vor Selbstverlust und Sinnlosigkeit wurden in der Sprache der Religion ausgedrückt. »Trachtet am ersten nach dem Reich Gottes, so wird euch solches alles (gemeint: Essen, Trinken, Kleidung) zufallen« (Matthäus 6,33). Diese Sprache existentieller Unbedingtheit setzt die mögliche Ganzheit unseres Lebens voraus. Es gibt Situationen, in denen wir uns selber als unzertrennt, unabgespalten, mit allen Fähigkeiten und Dimensionen (wie Vergangenheit und Zukunft) erfahren. Das Öl in den Lampen der Jungfrauen, die den Bräutigam erwarten, ist ein Bild für diese Ganzheit; fehlt ihnen das Öl, so fehlt ihnen alles, sie sind »töricht«, unbereit, zerstreut in tausenderlei. Sind ihre Lampen mit Öl gefüllt, so brauchen sie sich um nichts Sorge zu machen, sie sind, um es im Jargon zu sagen, »voll da«.

Existentielle Unbedingtheit konstituiert sich in der unteilbaren Ganzheit, zu der ich mich entscheide. »Wählt das Leben« setzt voraus, daß es

»Leben« in diesem emphatischen, unbedingten Sinne gibt und daß es gewählt, ergriffen oder verworfen und verfehlt werden kann. »Ich nehme Himmel und Erde heute über euch zu Zeugen: ich habe euch Leben und Tod, Segen und Fluch vorgelegt, daß du das Leben erwählest und du und dein Same leben mögest« (5. Mose 30,19).

Das Leben wählen gegenüber dem Tod heißt einstimmen in das große Ja zum Leben. Im biblischen Kontext bedeutet es: am Leben bleiben und sich vermehren, was beides in Ägypten bedroht war; es bedeutet: im Lande wohnen, gesegnet sein, Frieden haben.

Wir neigen dazu, das Leben zu bejahen unter bestimmten Umständen, bei gegebenen Konditionen, zum Beispiel wenn es jung, gesund, schön, leistungsstark ist. Das Ja, das im emphatischen biblischen Sinne gemeint ist, ist ein unbedingtes Ja, das etwa auch in Krankheit und Sterben gilt, das vor allem auch denen gilt, die sich selber als ohne Würde, als verneint so lange erfahren haben, daß sie sich damit abgefunden haben.

Das Leben wählen ist gerade die Fähigkeit, sich nicht abzufinden mit der selbstverständlichen Zerstörung von Leben, die uns umgibt, und mit dem selbstverständlichen Zynismus, der uns begleitet.

Das Leben wählen ist das, was in der christlichen Tradition »Glauben« genannt wird, im existentiellen Sinn von Vertrauen, nicht im rationalen von Fürwahrhalten.

»So sollst du denn, damit du und deine Nachkommen am Leben bleiben, das Leben wählen, indem du Jahve, deinen Gott, liebst, seiner Stimme gehorchst und ihm anhangst! Denn das ist dein Leben und die Dauer deiner Tage, damit du in dem Lande wohnen bleibst, das Jahve deinen Vätern Abraham, Isaak und Jakob zugeschworen hat, ihnen zu geben« (5. Mose 30,19 f.). Innerhalb dieser Tradition wurde eine Sprache entwickelt, die eben die Emphase des Lebens, seine Gefährdung und Rettung erinnert, vergegenwärtigt und so ermöglicht.

Das Bewußtsein, daß das Leben auf dem Spiel steht, sinnlos werden kann, ist in den religiösen Traditionen artikuliert worden. Die Ängste der Menschen vor Selbst- und Sinnverlust wurden hier benannt; sie können, das versteht sich, manipulativ benutzt werden. »Bewahr uns vor der Hölle«, war ein Jahrhunderte überdauerndes Gebet. Darin sprach sich etwas aus, das heute auch nur zu empfinden man schon reif für die psychiatrische Klinik sein muß: Angst vor dem Verfehlen des Lebens, vor der Zerstörung der Ganzheit, vor dem Verlorengehen. Mitten im Leben leben wir nicht, mitten in den dauergeheizten Räumen nimmt die Kälte zu; »alles tot« ist eine beliebte Antwort, die man von Jugendlichen hört, wenn man fragt, wie es da oder dort sei.

Es ist möglich, das ganze Leben zu verfehlen, es wegzuwerfen, es als einen Wegwerfgegenstand zu behandeln. Man kann es verlieren oder gewinnen, jedenfalls »hat« man es nicht; aber wir haben keine Sprache, die expressiv und transzendierend genug wäre, um darüber miteinander zu sprechen. Ohne diese existentielle Angst um das Leben gibt es aber auch keine tiefere Liebe zum Leben, sondern nur die herrschende oberflächliche, die dauerfrustrierte und schnell aggressive Stimmung, die jederzeit in diffuse Traurigkeit umschlagen kann. Der objektive Zynismus ist gegeben in dem, was unser Leben strukturell bestimmt, nämlich die wirtschaftliche Ausplünderung der dritten Welt, die Zerstörung der Natur, die Unterdrückung der Befreiungsbewegungen. Diese ökonomisch-politische Herrschaftsstruktur wird abgesichert durch eine wachsende Militarisierung der Gesellschaft. Was in der Bundesrepublik Deutschland noch vor 20 Jahren leidenschaftlich umstritten war, die Remilitarisierung unseres Landes nach zwei verlorenen Weltkriegen, ist heute eine Selbstverständlichkeit. Man spricht über die Opfer des politischen Terrorismus; die zahlenmäßig weit größeren Opfer, die ein ganz normales militärisches Manöver im Herbst 1977 forderte, werden nur beiläufig erwähnt. Die Ängste der Bevölkerung werden von den wirklichen Bedrohungen weggelenkt auf Nebenwidersprüche hin. In den USA arbeiten von 100 Wissenschaftlern heute 51 im Zusammenhang der Aufrüstung; sie planen, sie experimentieren, sie forschen im Interesse der größeren Tötungskapazitäten. Wenn die Bereitschaft zum overkill ein wesentliches gesellschaftliches Ziel ist, so ist auch das Alltagsbewußtsein des einzelnen nicht unbeeinflußt von der allgemeinen Struktur der Gesellschaft.

In einer auf Unterdrückung und Tod hin orientierten Gesellschaft, in der der Konsumismus die älteren Religionen des bäuerlichen Katholizismus und des bürgerlichen Protestantismus abgelöst hat, ist auch der einzelne im objektiven Zynismus der Gesellschaft befangen. Neuartige diffuse Neurosen treten massenhaft auf: Identitätskrisen, Antriebslosigkeit, Depressionen und tiefe Zweifel der Menschen an sich selber sind nicht mehr Luxusprobleme der oberen Mittelschicht, sondern betreffen die Lehrlinge, die Studenten, die jungen Arbeitslosen. Die zwischenmenschlichen Beziehungen verfallen, und die Verelendung der Massen, die Marx prophezeit hat, ist nicht, wie er annahm, materiell eingetreten, wohl aber psychisch. Es gibt eine Legitimationskrise des Lebens; Sinn und Vertrauen in das Ganze sind für zunehmend mehr Menschen unerreichbar geworden.

Es fehlt etwas, das die Existenzphilosophie der dreißiger Jahre »existentielle Unbedingtheit« genannt hat, eine Bejahung des Ganzen, eine Art Liebe zum Leben. Zwei Momente konstituieren diese existentielle Unbedingtheit: ein integratives Moment, das Ganzsein, und ein voluntatives, die Entscheidung für das Leben. Wenn wir in der biblischen Sprache sagen »Wählt das Leben«, so sind diese beiden Momente der Integration und der Dezision vorausgesetzt. Ohne sie kann man die tiefere Liebe zum Leben nicht verstehen.

Lieben kann man nur etwas, das bedroht, gefährdet ist; das auch anders oder nicht sein könnte, nichts Totes also. Die existentielle Unbedingtheit geht mit existentieller Angst einher; das emphatische Verständnis von Leben als Weiterwachsen, als Berührtwerden, Berühren, Sich-Entwickeln zu neuer Qualität und anderen Erfahrungen, dieses qualitative Lebensverständnis enthält eine emphatisch-traumatische Beziehung zum Tod. Wir sind tötbar. Das zu wissen ist wichtiger als zu wiederholen, daß wir sterblich sind. Vielleicht weiß niemand das so sehr wie die psychisch Kranken. Auf dem Weg nach dem Geborenwerden und vor dem Sterben läßt sich das Leben verlieren. Wäre es anders, es ließe sich auch nicht gewinnen.

Aber genau das wird in der gedächtnislosen Harmlosigkeit der Blasphemie ausgelöscht: »Du sollst keine anderen Jeans haben neben mir.« In diesem Slogan »steckt der Geist der zweiten industriellen Revolution und der damit verbundenen Mutation der Werte«[5]. Der Kreislauf von Produzieren und Konsumieren vollzieht sich am reibungslosesten, wenn Menschen von Natur- und Geschichtserfahrung abgeschnitten sind, also in einer technizistischen und rein irdischen religionsfreien Welt.

Es ist, als sei alle Erfahrung von Geschichte, schon gar der, die mit den Augen der Hoffnungslosen gelesen wurde, verschwunden. Ihr Bezugspunkt, das Reich Gottes und seine neue Gerechtigkeit, ist undenkbar geworden; das zyklische Geschichtsverständnis hat das eschatologisch-zielgerichtete übermocht.

Kontinuitätsschwund und eingeplante Gedächtnislosigkeit sind dem hedonistischen Konsumismus notwendig, weil Gedächtnishaben konsumfeindliches Verhalten nach sich zieht. Der Geschichtsverlust ist zugleich Abwesenheit von Zukunft und in diesem Sinn undramatische Hoffnungslosigkeit. »Glückliche Tage« à la Beckett stehen ins Haus; jeder ist begraben im Sand, sitzt

---

5 P. P. Pasolini, a.a. O. (vgl. Anm. 2), S. 89.

bewegungsunfähig in seinem Loch, brabbelt vor sich hin und wartet in perfekter Abwesenheit von Emphase Sonnenauf- und Sonnenuntergang ab.

Nicht der Werbeslogan, der das erste Gebot benutzt, ist Blasphemie, sondern alle Reklame. Jeder Versuch, meine Lebensinteressen zu richten auf Haarspray, Katzenfutter und Ibizareisen, ist eine Attacke auf den, nach dessen Bild ich geschaffen bin.

Consumismo bedeutet: Meine Augen werden unaufhörlich beleidigt, meine Ohren verstopft, meine Hände ihrer Kreativität beraubt. Meine Beziehungen zu anderen Menschen geraten unter Gesetze, von denen frühere Generationen sich nichts träumen ließen. Wenn alles sich im Haben ausdrückt und mißt, bleibt keine Zeit, keine Kraft, keine Sprache für das Miteinander-Sein.

Glauben heißt gegen den herrschenden Zynismus kämpfen und Widerstand leisten.

Um zu verstehen was die christliche Tradition mit Glauben meint, müssen wir von den Alternativen zum Glauben sprechen. Was herrscht denn vor, wenn es Menschen an Glauben mangelt? Wer oder was macht uns denn den Glauben streitig? Die Evangelisten stellen dem Glauben die Angst gegenüber. Die Jünger, die in Seenot geraten, als Jesus im Schiff schläft, werden getadelt: »Wie seid ihr so furchtsam? Wie, daß ihr keinen Glauben habt?« (Markus 4,40). »Fürchte dich nicht, glaube nur«, sagt Jesus dem Jairus, dessen Tochter gestorben ist (Markus 5,30). Die Angst vor bestimmten lebensbedrohenden Ereignissen, also konkrete Furcht, aber auch die Angst vor einer routinierten Sinnlosigkeit des Lebens bringt uns in einen Schwebezustand, in dem unsere Kräfte nicht konzentriert sind. Alles, hinter dem wir nicht mit unserem ganzen Glauben stehen können, ist böse und scheidet uns von der Ganzheit und Einheit des Lebens, die wir Gott nennen. Wie Paulus im Römerbrief sagt: »Alles, was man nicht aus dem Glauben heraus tut, ist Sünde« (Römer 14,23). Das ist kein moralisches Urteil, sondern ein theologisches.

Nimm als Beispiel eine kleine Bankangestellte, die mit dem Elektronenrechner die Sparbücher, Schulden und Aktienpakete anderer Leute verwaltet. Was Maria tut, geschieht nicht »aus Glauben«, nicht aus Gewißheit, nicht aus einer Ganzheit heraus. Die Einrichtungen des Finanzkapitals haben Macht über sie, eine scheinbar neutrale. Die politische Rolle der Bank, die bestimmte wirtschaftliche Projekte finanziert, interessiert sie nicht; die Bedeutung des Finanzwesens für die Gesellschaft ist ihr unbekannt. Vielleicht ahnt Maria, daß, was sie in der Bank tut, weder zum Segen ihrer Mitmenschen noch auch nur in ihrem eigenen Interesse ist. Aber sie hat keine Alternative. Ist es denn dann Sünde, wie Paulus radikal entgegensetzt? Ist es nicht eher neutral, was sie tut? Wenn man theologisch denken lernt, merkt man, daß es keine Neutralität in diesem Sinne gibt. Entweder kann Maria mit ihrer Arbeit an dem gesellschaftlich Guten mitarbeiten, das heißt, sie kann ihre Arbeit bejahen und für sinnvoll halten, oder sie muß in dem Zustand leben, den ich objektiven Zynismus nenne. Dabei kann sie subjektiv ein nettes, anständiges

Mädchen sein, dem Zynismus ganz fern liegt. Dennoch lebt sie und die Mehrheit der Bevölkerung in der ersten Welt in einer objektiv zynischen Situation. Nichts von dem, was sie in ihrer Arbeit tut, geschieht »aus Glauben«; mit ihrer Lebensganzheit, mit ihrer Praxis hat dieser Job nichts zu tun; so wird der Glaube in die Freizeit und Privatsphäre verlegt. Die kleinbürgerliche Tugend der Anständigkeit soll dann für die Glaubenslosigkeit aufkommen. Die Mehrheit der kleinen Nazis in Deutschland war immer anständig, das heißt persönlich integer in der Mitte einer verbrecherischen Situation. Aber was kann Maria tun, außer anständig die Schecks ausfüllen, den Chef nicht verärgern, die Kunden höflich behandeln? Kann man in einer objektiv zynischen Situation überhaupt glauben? Man ist sicher, daß, was immer man tut, keinen Einfluß hat, die Arbeit hat keine Ziele außerhalb des Lohns; die Interessen der Menschen gehen nicht über das Überleben hinaus, das Leben wird als ein Wegwerfgegenstand behandelt.

Glauben, keine Angst haben, hieße aber doch ein tieferes Vertrauen in das Leben haben als das uns umgebende und das uns anerzogene. Die Welt, in der ich lebe, stellt einen Schematismus von Interpretationen her, die mir vorgegeben sind; jedes Kind weiß, daß Autos wichtiger sind als Kinder, daß sie mehr Platz und mehr Pflege brauchen; jeder junge Mensch weiß, daß profitbringende Rationalisierung wichtiger ist als die Erhaltung von Arbeitsplätzen; jede junge Lehrerin weiß, daß ein konfliktfreies Funktionieren für die über ihr stehende Bürokratie wichtiger ist als die ihr anvertrauten

Kinder und ihre Bedürfnisse. Die einfachen Fakten unseres Lebens spiegeln die Interpretationen, die Menschen als objektiv unwichtig, austauschbar und hinderlich beschreiben, sie bieten sich als das herrschende Rahmenwerk von objektivem Zynismus an. Wenn 48 Cent jedes Steuerdollars in den USA in die Todesproduktion gehen, dann ist in dieser großen Deutung des Lebens, in der Makrosoziologie, der objektive Zynismus eingebettet. Wie könnten wir ihm entgehen?

Die objektiven Voraussetzungen eines Lebens, das wirtschaftlich auf Ausplünderung und militärisch auf Terror aufgebaut ist, widersprechen dem Glauben, der Furchtlosigkeit, dem Vertrauen in das Leben fundamental. Wir sind abhängig und bedingt in unserer Ohnmachtserfahrung. Und doch muß man im Sinne der Bibel von der Voraussetzungslosigkeit des Glaubens sprechen können: Fürchte dich nicht, glaube nur. Die Bibel ist realistisch genug, unsere Angst zu kennen, aber sie zählt auf unsere Fähigkeit zu glauben. Du kannst vertrauen, du kannst dich auf jene Deutung des Lebens als gut einlassen – trotz und angesichts des objektiven Zynismus. Gegen den objektiven Zynismus, gegen die eingeplante Hoffnungslosigkeit (wie sie sich zum Beispiel in den eingeplanten Millionen von Arbeitslosen und Unbeschäftigbaren, wie die zynische Vokabel sagt, ausdrückt) sagt uns die christliche Tradition: Glaub nur, vertraue! Kämpfe gegen den objektiven Zynismus und sieh zu, daß er sich nicht subjektiv in deinem Herzen einrichtet. Laß nicht zu, daß dein Glauben und Hoffen zerstört wird. Laß dich ein auf die Deutung des Lebens als gut: Es sind schon Menschen aus Ägypten freigekommen.

Wenn ich einem Menschen in einer bestimmten Situation sage: Habe Glauben!, so ist das ja nicht einfach eine moralische Aufforderung wie: Zerschlagt keine Flaschen am Strand! Es ist mehr, weil ich, indem ich zu einem wenig oder nicht Glaubenden spreche, Glauben mitbringe oder erwecke. Ich teile den Glauben, den Mut, ich erweitere den Raum der Freiheit des anderen, ich verändere seine vorige Fremd- und Selbstinterpretation. Um glauben zu können und gegen den objektiven Zynismus kämpfen zu können, brauchen wir einander. Die Werbung für den Glauben hat selber eine transzendierende, verändernde Kraft. Die Sprache des Glaubens befähigt uns zum Kampf gegen den objektiven Zynismus unserer Situation; sie wiederholt nicht nur, was war, bildet nicht nur ab, was ist, sondern öffnet und verändert. Wir lernen unser Leben verstehen als einen Kampf gegen den herrschenden Zynismus, wir begreifen uns in der Einheit mit Christus als ein Teil der Reich-Gottes-Bewegung für die Gerechtigkeit. Wir werden verwickelt in Kämpfe. Es genügt uns nicht mehr, persönlich anständig und unauffällig gewesen zu sein. Es hat übrigens nie genügt.

Die Sprache, die den Kampf gegen den objektiven Zynismus ausdrückt und inszeniert, ist verändernde, transzendierende, wirkliche Sprache, in der wir nicht über etwas anderes informieren, sondern unser eigenes Leben, unseren Kampf und unseren Schmerz miteinander teilen. Diese Sprache der christlichen Gemeinde wird wegen ihres verändernden, das Bestehende transzendierenden Charakters auch »Wort Gottes« genannt. Das ist nicht das Wort, das in einem bestimmten Buch aufbewahrt, einer bestimmten Institution oder ihren Würdenträgern zugeordnet ist, sondern das Wort, das lebendig macht; das uns erlaubt, das Leben zu wählen. Es ist ein Wort, das uns befreit, so daß wir wissen, wir stehen nicht unter dem Gebot »Du sollst keine anderen Jeans haben neben mir« und wir können diese Welt überwinden.

Was ist Glauben? »Es ist aber auch der Glaube eine gewisse Zuversicht des, das man hofft, und ein Nichtzweifeln an dem, das man nicht sieht« (Hebräer 11,1). Diese Zuversicht, dieses Vertrauen ist nichts anderes als unsere Option für das Leben. Es gibt ein großes Ja zum Leben, auch wenn das Leben selber in der objektiven zynischen Situation verneint wird. Sind wir aber optionsfähig, so wird auch unsere Kraft zu kämpfen vorausgesetzt.

Im Januar 1976 stand ich mit einer kleinen Gruppe katholischer Widerstandskämpfer aus dem Kreis um die Brüder Berrigan vor dem Pentagon. Wir demonstrierten in einer symbolischen Aktion gegen die Aufrüstung. »Rüstet ab oder laßt euch begraben« (disarm or dig graves), war unsere Parole, und einige von uns, die mit ihrer Verhaftung rechneten, schaufelten ein Grab und legten einen Mann, der in die amerikanische Flagge gewickelt war, hinein. Eine zweite Gruppe versuchte mit dem zuständigen Senator zu verhandeln, und eine dritte, zu der ich gehörte, stand und kniete in bitterer Kälte vor diesem Gebäude, in dem alle Macht dieser Welt versammelt schien. Wir sangen und beteten. Ein Auto mit einem Beamten des Pentagon fuhr langsam an unserer Reihe vorbei, einer von uns rief dem Fahrer zu »choose life« – wähl das Leben, und der Herr im grauen Anzug antwortete klar und deutlich »no«. So deutlich habe ich das herrschende Nein lange nicht gehört.

Glaube ist der Kampf gegen objektiven und subjektiven Zynismus. Die Frage für die Christen in der ersten Welt ist, ob wir das Leben wählen wollen oder den hundertfach vorbereiteten Tod, ob wir überhaupt noch fähig sind, über den objektiven Zynismus der vorgegebenen Situation hinauszugehen. Glauben ist Praxis, ist kämpfend und leidend agieren im Interesse des Lebens, das unsichtbar ist. Wie kommt man zu dem großen Ja? Wie wird man fähig zum Kampf gegen den Zynismus? Wie wird die Militanz des Glaubens erreichbar?

Die theologische Tradition antwortet auf diese Frage mit dem Hinweis auf die Gnade. Die Abkehr vom objektiven Zynismus, die Hinwendung zum Leben ist nicht meine Leistung. Es ist das beschädigte, das zerstörte, das abgeschnittene Leben selber, das mich ruft, es ist Gott selber, der zur Umkehr ruft.

Zum Glauben zu kommen und wieder zum Glauben zu kommen und den Zyniker in mir, den Agenten des Kapitalismus, zu überwinden ist eine Erfahrung des Glücks. Wenn ich eingewilligt habe in das große Ja, wenn ich eingeübt werde in den Kampf gegen den Zynismus, wenn ich mich entschieden habe, das Leben zu wählen, dann erfahre ich, daß ich nicht der verfügende Herr über mein Ja bin. Wir sind nicht einfach die Herren unseres Glaubens. Das Ja ist wie jedes wirkliche Ja immer ein antwortendes, responsives Ja. Der responsive Charakter gehört zur Erfahrung des Glücks überhaupt. Glück ist nicht einfach sprechen können, es ist vielmehr jemandem oder einer Situation entsprechen, es ist ein Sich-anrühren-Lassen und Partei-Ergreifen, obwohl der Zynismus unserer Situation gerade darin besteht, uns leidens- und mitleidensunfähig zu machen. Der objektive Zynismus der wirtschaftlichen und politisch-militärisch gesicherten Situation schlägt sich psychologisch in den phantastischen Techniken der Leidvermeidung nieder. Leiden zu vermeiden, physisches durch Tabletten, psychisches durch Ablenkung, politisches durch Blindheit, ist in der Kultur des Konsumismus zu einer wesentlichen Lebensstrategie aufgerückt. Wir haben Techniken aller Art entwickelt, das Leiden zu vermeiden, aber in Wirklichkeit vermeiden wir das Leben.

Christus hat die Liebe zum anderen zum höchsten Wert gemacht, das geht nicht ohne Leiden ab. Wenn Leidvermeidung zum obersten Wert avanciert, der Versuch, konfliktfrei und glatt durchzukommen, dann wird die Liebe zu einer Nebensache. Der Zustand permanenter struktureller Ungerechtigkeit, deren wir uns in der ersten Welt erfreuen, hat Folgen für unser Wertsystem. Dabei haben wir die Beziehung von Liebe und Leid, die Rangordnung, die da herrscht, vertauscht. Leidfrei zu sein, zu werden und zu bleiben bis ins Sterben hinein ist der anerkannte oberste Wert. Gesundheit ist, wie die bürgerliche Maxime sagt, das höchste Gut.

Lebendig zu sein, das Ich zu transzendieren und in Kommunikation und Sympathie mit allem, was lebt, zu sein wird der Leidfreiheit untergeordnet. Apathische Freiheit von Leid, Entbehrung, Schmerz und Sich-Einlassen avanciert zum obersten Wert wie die faltenlose Schönheit, die fleckenlose Sauberkeit und die bruchlose Karriere, die unseren Lebensstil vor dem anderer Völker auszeichnet. Das Ziel, liebesfähig zu werden und Gerechtigkeit zu ermöglichen, wird dem anderen konsumistischen Ziel, »gut«, nämlich unbeschädigt, durchzukommen, untergeordnet. Statt uns auf den Kampf gegen den objektiven Zynismus unserer Situation einzulassen, vermeiden wir ihn. Verhüten, vermeiden, abtreiben, aus dem Weg gehen werden zu wesentlichen Lebensaktivitäten.

Der Glaube hat ein Element der Militanz, des bewußt gewählten Kampfes. Der Glaube an Christus ist nicht tolerant, sondern militant. Er hat ein leidenschaftliches, ein ungebrochenes Interesse am Leben, er ist nicht zurückhaltend und distanziert. Die Bibel ist zwar voll von schüchternen und redeunfähigen Menschen, die eine Aufgabe bekommen, die ihnen von Natur aus zu schwer ist, aber eben diese Schüchternen und Verlegenen gewinnen Anteil an der Militanz des Glaubens. Über den kommenden Messias heißt es bei Jesaja: »Gerechtigkeit wird der Gurt seiner Lenden sein und der Glaube der Gurt seiner Hüften« (Jesaja 11,5). Ein ähnliches Bild der Militanz, des kämpferischen Glaubens finden wir im Epheserbrief, wo es heißt: »Vor allen Dingen ergreift den Schild des Glaubens, mit welchem ihr auslöschen könnt alle feurigen Pfeile des Bösewichts. Nehmt auch den Helm des Heils und das Schwert des Geistes, welches ist das Wort Gottes« (Epheser 6,16 f.).

Es gehört ein Stück Unbeirrbarkeit zur Militanz des Glaubens, eine Gewißheit, daß wir recht haben, wenn wir mehr Gerechtigkeit fordern als die jetzt verwirklichte. Wir stehen im Einklang mit den besten Traditionen der Menschheit, wenn wir für den Frieden kämpfen. Wir müssen uns nicht schämen und klein machen, sondern können uns zur Militanz des Glaubens bekennen. Sie ist die Außenseite seiner Schönheit.

Es ist der Glaube, der Menschen schön macht. Schön ist, wer etwas ganz, unabgelenkt, mit allen seinen Kräften tut. Dieser Grundsatz entspricht der klassischen Ästhetik, in der nur, was aus unsern versammelten Kräften hervorgeht, »schön« genannt wird. »Alles Vereinzelte ist verwerflich«, wie Goethe sagt. Jede Isolierung einer einzelnen Potenz des Menschen, jede Überentwicklung einer Kraft auf Kosten der übrigen ist »Vereinzelung«. Die Vereinzelung der Rationalität schließt ein, daß wir unsere Leiblichkeit und unsere Emotionalität unterdrücken oder verleugnen müssen. Jeder Lebensausdruck, zum Beispiel jede menschliche Beziehung oder auch jede schöpferische Tätigkeit, soll »ganz«, das heißt alle Kräfte beteiligend sein. Je mehr von mir ich in einer Beziehung vergessen, verleugnen, verdrängen und unterdrücken muß, desto teilhafter, begrenzter und ärmer wird die Beziehung. Eindimensionalität ist der Ausdruck solcher vorherrschenden Verarmung und Zerstörung. Sie kann eine spezifische Perfektion erreichen, aber ihr fehlt die Schönheit, die aus dem Ensemble unserer Kräfte, Erfahrungen und Beziehungen stammt.

Schön wird ein Mensch in der Erfahrung der Ganzheit seiner Kräfte, im unverdrängten Zusammenspiel. »Glauben« ist eine alte religiöse Ausdrucksweise, um von diesem Glücken, diesem Ganzsein zu sprechen. Im Glauben sind wir ganzheitlich, ohne die Ausklammerung und Verleugnung einiger unserer Fähigkeiten, auf die Verwirklichung von Wahrheit bezogen. Zum Glauben kommen heißt eintreten in den Kampf gegen den herrschenden Zynismus. Es bedeutet, immer angstfreier zu werden. Es bedeutet, das große Ja zu sagen, das alte Vertrauen, das uns vielleicht in die Kindheit schien, zu erneuern und wahr zu machen, es bedeutet, Gott zu lieben mit ganzem Herzen, mit ganzer Seele, ganzem Gemüte, ohne Abstriche, ohne: Ja, wenn du mir das und das gibst... und ohne: Aber du hast doch früher... Es ist ein Ja ohne Wenn und Aber, es ist das große Ja. Es hat Anteil an der Schönheit und der Militanz des Lebens, und es ist das, was die Schönen schön macht und die Militanten mutig und selbstvergessen.

Wenn der Glaube in das Herz eines Menschen kommt, das ist wie eine Verlobung. Es ist der Zeitpunkt, wenn der subjektive Zynismus, das, was ich den Agenten des Kapitalismus in unseren Herzen genannt habe, schwindet. Gott sagt, dem Propheten Hosea zufolge: »Ich will mich mit dir verloben in Ewigkeit; ich will mich mit dir vertrauen in Gerechtigkeit und Gericht, in Gnade und Barmherzigkeit. Ja, im Glauben will ich mich mit dir verloben, und du wirst den Herrn erkennen« (Hosea 2,21). Wenn wir diese Sprache der Verlobung, des Versprechens, des Engagements aufgreifen, so können wir sagen: Ich verlobe mich mit dem wirklichen Leben, ich will mein Leben geben für die Gerechtigkeit, ich habe das Leben gewählt, auch wenn die Todeswahl sich nahelegt und der Todeswunsch in mir mächtig ist, ich lerne die Hingabe meines Lebens.

2. Sünde und Entfremdung

Vom Glauben sprechen heißt mit der eigenen Situation beginnen: Ich versuche, im objektiven Zynismus der westlichen Welt anzufangen. Die theologische Reflexion ist ein zweiter Schritt, der auf die Analyse der Wirklichkeit folgt. Das erste, das, womit wir beginnen, ist nicht die Offenbarung oder die Bibel oder die Tradition der Kirche, es ist unsere eigene Situation, ihr Zynismus, ihre Entfremdung. Eine Situation wirklich erfassen und gerecht beschreiben heißt allerdings immer, sie in ihren Widersprüchen beschreiben, es heißt das erkennen, was über die gegebene Situation hinausgeht, was weitertreibt. Die Hermeneutik, die unten ansetzt, bei den wirklichen Menschen und in einer gesellschaftlich gegebenen Situation, fotografiert nicht nur ab, was schon da ist. Wenn wir auf die Widersprüche achten, so legen wir das Ohr auf den Boden und horchen auf die Hoffnung, die noch unter dem Asphalt unserer Städte ruft. Wir geben uns nicht mit dem Zynismus zufrieden, wir horchen auf die Signale des Kampfes gegen Zynismus. In diesem Sinn ist schon im ersten Schritt unserer Hermeneutik ein Stück theologischer Reflexion anwesend, ein Stück Unzerstörtheit.

In dieser Vorlesung will ich über die Entfremdung des Menschen von sich selbst, von seinem Mitmenschen und von der Natur sprechen. Auch das ist eine Analyse der Wirklichkeit, ein Versuch, die Situation darzustellen. Aber indem ich diese Entfremdung *Sünde* nenne – und nicht etwa »Schicksal des einzelnen im Industriezeitalter« oder »Preis des Fortschritts, den wir leider zu zahlen haben«, sondern eben mit dem altmodischen Wort Sünde –, wird schon im ersten Schritt der Widerspruch deutlich, das vorwärtstreibende Leiden an der Situation, das Element des Glaubens, der nichts und niemanden aufgibt. Ein zweiter methodischer Schritt ist dann eine explizit theologische Reflexion, innerhalb derer die Tradition zum Sprechen kommt. War es denn immer so? fragt uns die Tradition. Wie wurde Sünde interpretiert? Gingen die Menschen anderer Zeiten mit der Sünde genauso um wie wir? Oder anders? Was können wir daraus lernen? Der dritte Schritt, den wir dann zu tun hätten, wären die praktischen Perspektiven, die

Strategien der Versöhnung. Diese drei Schritte können auch formal benannt werden als das Praxis-Theorie-Praxis-Modell: glauben – reflektieren – und wieder neu und besser glauben.

Ich will mit einem Gedicht des englischen Psychiaters Ronald D. Laing[1] beginnen, es ist eine Art poetisches Rätsel, aber die Absicht des Autors ist nicht, uns in die Lage zu versetzen, das Rätsel zu lösen, eher sollen wir das Raten und Suchen lernen.

> never saw it
> never heard it
> never smelt it, touched it
>   or tasted it
> never felt it
> never heard it mentioned
>
> never had any idea of it
> never dreamt of it
> never wanted it
> never missed it
>   is there a problem?

Was ist dieses »it«, dieses es, das niemals gesehen, gehört, gefühlt oder gewünscht wird? Welches Wort würdest du einfügen? Vielleicht »Seele«, die du nie gefühlt hast; vielleicht Leben, keine Ahnung, was das sein soll; vielleicht Heiliger Geist, noch nie davon geträumt? Aber der Sinn dieses kleinen Gedichts ist nicht, das Rätsel zu lösen, sondern das Massenphänomen zu beschreiben, in dem Men-

---

[1] R. D. Laing, *Do You Love Me?* An entertainment in Conversation and Prose, 1976.

schen das Leben nicht einmal mehr vermissen, eine desolate, zerstörerische Kultur, in der zunehmend mehr Menschen es aufgeben, überhaupt zu leben in dem emphatischen Sinn, den die Religionen innerhalb der älteren Kultur artikuliert haben. Sünde ist ein Ausdruck des Abgeschnittenseins vom Leben, universale Unordnung. Sünde ist ein generelles gesellschaftliches Klima, in dem der Mensch der Feind des Menschen ist und als solcher notwendig begriffen wird. Es ist das Klima »Kanonen statt Butter«, um die Ziele der Produktion zu benennen; es ist das Klima Konkurrenz statt gegenseitiger Hilfe, um die Situation in der Erziehung zu benennen. Ich spreche von Sünde im Singular, auch originale oder Erbsünde genannt, ich meine den in einer bestimmten Gesellschaft vorherrschenden Zwang zu sündigen, auf dem die einzelne Tatsünde, der Plural der vielen Einzelsünden, erst beruht.

Es ist das »Gesetz der Sünde und des Todes« (Römer 8,2), unter dem wir leben. Wenn Paulus von »Gesetz« spricht, so meint er damit, was wir wirtschaftliche Struktur oder politisch-ökonomisches System nennen; Sachzwänge, die nicht vom einzelnen gemacht und gewollt werden, sondern vor uns da sind, ohne daß wir sie uns ausgesucht hätten. Wir affirmieren sie aber, einfach indem wir in ihnen leben. Wir unterwerfen uns der Übermacht und müssen zugleich die ökonomische, technologische, energiepolitische Notwendigkeit einsehen. Im Deutschen hat das Wort »Sachzwang« in den letzten zehn Jahren immer mehr Verbreitung gefunden. Alle Maßnahmen der Regierung, etwa Verkehrsplanung, Umweltzerstörung, die gegen die

Interessen der lokalen Bevölkerung gerichtet sind, werden mit dem Ausdruck »Sachzwang« gerechtfertigt. Technologische Sachzwänge erhalten eine Autorität; sie sind nur noch von Experten kritisierbar, so wie das Gesetz im religiösen Sprachgebrauch nur von Rabbinern auslegbar war. Vielleicht ist die Übersetzung von dem, was Paulus »das Gesetz« nennt, in Sachzwang die beste, die wir heute geben können.

Dazu nun eine Auslegung[2] einiger Verse des Apostels Paulus, die den Begriff der Sünde klären:

»Daher soll die Sünde nicht herrschen in eurem sterblichen Leibe, so daß ihr seinen Begierden gehorcht. Gebet auch eure Glieder nicht der Sünde zu Werkzeugen der Ungerechtigkeit hin, sondern gebet euch selbst Gott hin als solche, die aus Toten lebendig geworden sind, und eure Glieder Gott zu Werkzeugen der Gerechtigkeit! Denn die Sünde wird keine Herrschaft über euch haben; ihr steht ja nicht unter dem Gesetz, sondern unter der Gnade.«

Der Text steht in Römer 6,12-14; der Zusammenhang ist der, daß der Christ durch die Taufe »gestorben« ist (V. 2,4,7), unser alter Mensch ist »mitgekreuzigt« (6), wir sind von der Herrschaft der Sünde »losgesprochen« (7), wir sind für die Sünde tot, aber leben für Gott (11).

---

2   Die bis Seite 45 folgenden Ausführungen bilden den Schlußabschnitt (S. 31–36) meines Aufsatzes »Der Mensch zwischen Geist und Materie. Warum und in welchem Sinne muß die Theologie materialistisch sein?«, der enthalten ist in: *Der Gott der kleinen Leute.* Sozialgeschichtliche Bibelauslegungen, Band 2 Neues Testament, hrsg. von W. Schottroff und W. Stegemann, Chr. Kaiser Verlag München, Burckhardthaus-Laetare Verlag Gelnhausen/Berlin/Stein 1979.

Ich möchte drei Schritte der Auslegung versuchen. Zunächst will ich mein Interesse an diesem Text, meine Fragen an ihn formulieren. Dann versuche ich die Aussagen des Textes mir verständlich zu machen. Schließlich will ich den Text paraphrasierend übersetzen, auslegend übersetzen und uns aneignen, so daß seine Schärfe und Unmittelbarkeit auch für uns wieder hervorkommt.

Mich interessieren zunächst die anthropologischen Aussagen, die Paulus macht. Ich habe Schwierigkeiten mit Ausdrücken wie »sterblicher Leib, Begierden, Glieder, Glieder als Werkzeuge oder Waffen«. Welche Voraussetzungen stehen dahinter? Können wir sie teilen? Was bedeutet Befreiung für Paulus? Und in diesem Zusammenhang: Ist es das, was wir lange Zeit »Erlösung« genannt haben, ein wesentlich idealistischer Begriff, der die Erlösung *von* Ketten und Fesseln, von der irdischen Wirklichkeit mit heraufruft? Erlösung als Metapher ist die Lösung von Krankheit, Gefangenschaft, einem schlechten Zustand und die Versetzung in einen anderen, besseren. Aber ist es das, wovon Paulus redet? Ist er ein Teil jener dichotomischen Tradition, der Spaltung von Geist und Fleisch, die in der Geschichte des Christentums die Unterdrückung gefördert und verklärt hat? Die Dichotomie hat ihren ideologischen Anteil an Sexismus, Rassismus und Klassenherrschaft, sie war und ist ein Instrument des Imperiums, des Willens zur Herrschaft, sie ist in diesem Sinne imperialistisch. Im Denksystem der Dichotomie können Menschen nur erlöst, versetzt, entrückt werden. Gehen aber nicht unsere tiefsten Erwartungen an das Leben, für uns selber und für die Welt, viel weiter? Brauchen wir nicht mehr als Erlösung, nämlich Befreiung? Was ist die wirkliche Bedeutung von »Sōteria«, von Rettung bei Paulus? Ist Befreiung die beste Übersetzung, weil sie den Leib und die Sozialität einschließt, also das, was wir mit dem Wort »Erde« anthropologisch und soziologisch meinen?

Aber zurück zum Text. Paulus scheint mir hier drei Aussagen zu machen.

1. In einem sterblichen Leib wohnen, richtiger Leib sein, bedeutet *abhängig sein*. Paulus benutzt die Ausdrücke Leib, Glieder, Waffen und »ihr selbst« parallel, sie bezeichnen nicht Bestandteile des menschlichen Organismus, sondern die Existenz im ganzen. Existieren heißt Leiblichkeit, heißt Gebundensein, Bedingtsein, Unfreiheit. »Und weil der Mensch ein Mensch ist, drum braucht er was zu essen, bitte sehr« (B. Brecht). Aber noch mehr als diese Art Abhängigkeit ist gemeint. Abhängig sind wir nicht nur von der Biologie, sondern abhängig von den jeweils Herrschenden, von ihrer Kultur, ihren Ideen und Gesetzen. Meine Unfähigkeit, mich als Frau anzunehmen, zum Beispiel die Scham der Menstruation, der Versuch, eine Dimension meiner leiblichen Existenz zu verleugnen, zeigt mir, wie beherrscht, wie gebunden, wie unfrei ich bin. »Leiblichkeit«, sagt Käsemann zur Stelle[3], »ist der Stand in einer Welt, um welche verschiedene Gewalten kämpfen und in deren Streit so auch jeder Einzelne gerissen wird, dem einen oder dem andern Herrn gehörig und ihn handelnd und lei-

---

3 E. Käsemann, *An die Römer*, Tübingen 1973, S. 167.

dend repräsentierend«. In der mir anerzogenen Scham, in den von mir internalisierten Ängsten repräsentiere ich die männische, die schöpfungsfeindliche Ordnung. Ich bin abhängig von den herrschenden Ideen. Ich bin abhängig bis in meine Träume hinein. Auch meine Wünsche sind fremdgesteuert und zerstören mich, weil sie als Werkzeuge der Ungerechtigkeit, der Ausbeutung funktionieren. Um das an einem Beispiel zu erläutern: In Lateinamerika ist in den letzten Jahren mehr und mehr Acker und Weideland in den Besitz ausländischer Gesellschaften geraten, die das Land für luxuriöse Exportgüter verwenden. So werden zum Beispiel Erdbeeren angebaut und Orchideen produziert, wo Bohnen und Korn wuchsen oder wachsen könnten.

»Gebt eure Glieder nicht der Sünde als Werkzeuge der Ungerechtigkeit hin!« Meine Konsumwünsche, etwa unabhängig von der Jahreszeit Erdbeeren zu essen, funktionieren objektiv als Werkzeuge der Ungerechtigkeit. Der Zustand der Ökonomie, von der ich abhänge, läßt sich sehr wohl mit den von Paulus gegebenen mythologischen Bildern über die Macht der Sünde, die ins Leben »springt«, Macht an sich reißt und beherrscht, in Beziehung setzen. Innerhalb eines geschlossenen wirtschaftlichen Systems, das nicht für die Bedürfnisse der Menschen, sondern für die Profite der Besitzer arbeitet, hat die Sünde, nämlich dieses Unrechtssystem, dämonische Züge: Sie ist unkontrollierbar, wir verstehen sie nicht, wir leugnen das Unrechtssystem und unseren Anteil darin, und sie ist allmächtig in einem doppelten Sinne: nach außen für die

Werbeantwort

An den
Kreuz Verlag
Postfach 80 06 69
7000 Stuttgart 80

Bitte als
Postkarte
freimachen

Ich interessiere mich besonders für Literatur zu diesen Themen:

☐ **Theologie**
☐ **Psychologie**
☐ **Pädagogik**
☐ **Glauben und Leben**
☐ **Bücher über Tod und Sterben**

☐ Ich bitte um eine einmalige Information
☐ Ich bitte um regelmäßige Informationen

Wir dürfen annehmen, daß Sie als Leser dieses Buches Wert darauf legen, über die Produktion des Kreuz Verlages informiert zu werden. Lassen Sie uns daher bitte auf der Rückseite dieser Karte Ihre Interessengebiete wissen!

> Seit mehr als zehn Jahren gibt es die Monatsschrift zum Zeitgeschehen in Kirche und Gesellschaft **EVANGELISCHE KOMMENTARE.** Sollten Sie in dieser Zeit noch keine Gelegenheit zum Kennenlernen gehabt haben, schicken wir Ihnen gern ein Probeheft.

Die hier gemachten Angaben werden beim Verlag gespeichert:

Name _____

Straße _____

Ort _____

☐ Ich bitte um die Zusendung eines Probeheftes der Evangelischen Kommentare

Produktion wie nach innen für die Begierden. Nichts hat der späte Kapitalismus ja so gut geschafft wie die Begierden, die Wünsche, die Träume der Menschen so zu manipulieren, daß sie der Herrschaft des Kapitals unterworfen sind.

2. Die zweite Aussage des Paulus besagt, es gibt *keine Neutralität des Lebens*. Als wir unsere Fähigkeiten, unsere Potenz, unseren Lebenseinsatz – so verstehe ich die Metapher »Glieder«, die Paulus benutzt –, als wir uns selber der herrschenden Ungerechtigkeit zur Verfügung stellten, da waren wir tot. Die Sünde, das heißt Ungerechtigkeit, herrschte als König über uns: durch unseren Leib, durch unsere Anteilhabe an dieser Welt, durch unsere bewußte oder unbewußte Unterstützung dieser Welt. Es ist unmöglich, neutral zu sein, weil wir immer schon »im Modus der Zugehörigkeit und der Teilhabe«[4] sind, weil wir Leib sind, aufeinander bezogene, relationale Wesen. Leiblich sein bedeutet, daß »niemand je zutiefst allein sich gehört«[5]. Daß wir »aus Erde gemacht sind«, zieht die andere Frage, wem denn die Erde gehört, nach sich; sie ist nicht zufällig oder bloß ökonomisch.

Die Anerkennung des materiellen Faktums, daß wir aus Erde gemacht sind, führt unmittelbar zu der Frage, wem denn die Erde gehört. Wären wir Geistwesen, so könnte sich diese Frage nach der Herrschaft als eine bloß weltliche, bloß äußerliche erübrigen.

Christoph Blumhardt, Pfarrer und SPD-Abgeordneter, einer der Väter der heutigen Christen für

---

4 E. Käsemann, *Paulinische Perspektiven*, Tübingen 1969, S. 43.
5 E. Käsemann, a.a.O.

den Sozialismus, schreibt in den neunziger Jahren des vorigen Jahrhunderts: »Wir sollen nicht subjektiv fragen: Werde ich gerecht vor Gott? Sondern...: Wie kommt Gottes Gerechtigkeit über mich? Objektiv... In der Bibel steht nie ›Die Gerechtigkeit, die vor Gott gilt‹ – das hat Luther bloß so übersetzt, weil er einen falschen Gedanken im Kopf hatte. Da mußte die Bibel sich beugen; in der Bibel steht immer ›Gottes Gerechtigkeit‹, und diese kommt durch den Glauben, nicht durch das Gesetz.«[6] Der Streit ist alt: Die Gerechtigkeit, die vor Gott gilt und die mir als die fremde zugesprochen wird, ist eine das Subjekt betreffende Grunderfahrung. Es ist der Übergang von der Verzweiflung zur Praxis. Daß es keine Neutralität des Lebens gibt, bedeutet, daß es nichts zwischen Verzweiflung/Sünde und Praxis/Glaube gibt; es existieren keine anderen, friedlicheren, harmloseren Alternativen. Der Ausdruck »Gerechtigkeit, die vor Gott gilt« reflektiert dies in bezug auf die Person. Aber »Gottes Gerechtigkeit« meint mehr als diesen Übergang. Sie betrifft den materiellen Leib und die Erde, die zusammengehören. Die Erde hört auf, eine Stätte der Lebensverweigerung, der Ausbeutung, der Ungerechtigkeit zu sein. Gottes Gerechtigkeit wurde in der bürgerlich-protestantischen Epoche im Sinne eines tiefen Personalismus ausgelegt. Eine heutige materialistische Auslegung bedeutet, daß die Erde Gottes Erde wird. Wie denn das? Derselbe Blumhardt schreibt am Silvesterabend 1911: »In früheren Jahrzehnten, zur Zeit

---

6 J. Harder (Hrsg.), *Christoph Blumhardt – Worte*, Wuppertal 1972, S. 111

meiner Geburt, war die schauderhafte Hungersnot, der Mangel am täglichen Brot, daß man sich oft nicht zu helfen wußte. Es ist vorübergegangen. Ich rechne alles, was geschieht in unserer Zeit, zu dem Kommen. ›Er kommt mit den Wolken‹, also nicht allein zu dir, zu mir, zu uns, zu dieser oder jener Gemeinschaft: Er erscheint den Menschen überall nach Gottes Rat und Willen, und zwar in ganz eigentümlicher Weise, ganz materiell (z. B. als das elektrische Licht anfing, unsere Stallungen zu erleuchten). Er kommt in der ganzen Entwicklung der Zeit!«

Blumhardt legt »Gott kommt« ganz materiell aus. Damit macht er sich natürlich in ganz anderer Weise angreifbar als eine idealistische Auslegung, die weder von der Hungersnot noch vom elektrischen Licht spricht. Sich angreifbar machen ist eine Dimension dessen, was es bedeutet, der Erde treu zu bleiben. Es ist der Grund, der Paulus an anderer Stelle nötigt, die Gemeinde als »Narren um Christi willen« zu beschreiben (1. Korinther 4,10).

3. Die dritte Aussage des Paulus widerspricht überkommenem protestantischem Denken noch entschiedener als die bisherigen. Denn dieses Denken ist wesentlich bestimmt von einem anthropologischen Pessimismus, der dem Menschen alles Schlechte und nichts Gutes zutraut, der vor allem aber auch Christus nichts zutraut. Paulus sagt in diesem Text, daß wir *in Christus der Gerechtigkeit fähig sind*. Wir können unsere Glieder, also unsere Fähigkeiten, unsere Potenz, unseren Einsatz, dem Leben zur Verfügung stellen, wir können uns zu Waffen der Gerechtigkeit machen, zu Werkzeugen

des Friedens, die Gott gebraucht. Es ist nicht wahr, daß wir unter Sachzwängen stünden, die uns, ob Christen oder nicht, beherrschen, wir stehen ja nicht unter den Gesetzen der imperialistischen Ausplünderungsstruktur, sondern unter der Gnade. Glauben bedeutet: Wir müssen nicht weiterleben wie bisher, in den eisernen Zwängen, wir können die Abhängigkeit eintauschen gegen eine neue, freiwillige Treue zur Erde.

Paulus führt diese grundlegende Konversion auf die Gnade zurück. Gnade ist es, von der Verzweiflung und Abhängigkeit von den Herrschenden zur Praxis zu kommen. Gnade ist, im Widerstand zu leben. Gnade ist, an der Befreiung zu arbeiten.

Unser Leib und unser Leben sind dann für die Gerechtigkeit da, nicht in einem idealistischen Sinne, sondern in einem praktisch-materiellen. Rechtfertigung und Heiligung fallen zusammen, am deutlichsten ablesbar in dem Wort »parhistanein«, das man mit sich Gott »hingeben« (mit erotischen Konnotationen) übersetzen kann oder im militärischen Sinne von sich Gott »zur Verfügung stellen«. Sich zur Verfügung stellen, sich verfügbar machen, disponibel sein, wie die französischen Arbeiterpriester sagten, eine Verpflichtung eingehen, ein commitment, das meinen Leib, mein wirkliches Leben verändert. Der Ort, an dem ich wohne, wird anders aussehen; die Zeit, die ich für bestimmte Dinge verwende, verändert sich; meine Prioritäten können nicht mehr Teile dieser Welt sein, das heißt, sich nicht nur um Geld und Konsum drehen. In Christus sein heißt die große Hingabe vollziehen. In der Osterbotschaft von Taizé 1970 heißt es: »Der auferstandene Christus wird uns darauf vorbereiten, unser Leben zu geben, so daß der Mensch nicht länger das Opfer des Menschen ist.« Das Leben geben, die Hingabe vollziehen ist ein Ausdruck, den man für das Martyrium benutzen kann – ich denke zum Beispiel an Elisabeth Käsemann, die ihr Leben gegeben hat im Interesse dessen, daß der Mensch nicht länger das Opfer des Menschen ist –; aber diese Hingabe beginnt früher, hat auch den weiteren Sinn der täglich vollzogenen Hingabe des Leibes, der Realität, des Geldes, der beruflichen Sicherheit. Daß die Sünde keine Herrschaft über uns haben wird, bedeutet die Hingabe meines Lebens bis zu dem Punkt, an dem es keine Rückkehr mehr gibt. Dieser Punkt, so sagt Paulus, ist erreichbar. Ich paraphrasiere den Text noch einmal:

»Daher soll euch das System des Unrechts nicht mehr bestimmen in eurer Lebensweise, so daß ihr den falschen Träumen nachlauft. Stellt eure Fähigkeiten nicht dem Kapital zur Verfügung, es benutzt sie als Waffen für die Ausbeutung, sondern gebt euch selbst Gott als die, die aus Kommunikations- und Machtlosen zu Lebendigen geworden sind. Stellt eure Potenz und Fähigkeiten dem Leben zur Verfügung als Waffen für die Gerechtigkeit. Denn das System der Ungerechtigkeit wird euch nicht zerbrechen können; ihr steht ja nicht unter seinen Sachzwängen, sondern unter der Gnade.«

Diese Sachzwänge, dieses Gesetz trennt uns von Gott, entfremdet uns von einem als menschlich zu bezeichnenden Leben. Entfremdung ist ein

Begriff, den Hegel aus der christlichen Tradition übernommen und neu gefüllt hat. »Die Liebe versöhnt das Leben mit sich selber«, sagt Hegel. Die Phase der Nichtversöhntheit, der Entäußerung, der Trennung, des Schmerzes wird von ihm auch »Entfremdung« genannt, sie ist ein notwendiger Durchgang auf dem Weg zur Versöhnung.

Hegel hat in einem berühmten Kapitel in der »Phänomenologie des Geistes« dieses Konzept von der notwendigen Entfremdung auf den wichtigsten neuzeitlichen Lebensprozeß bezogen, nämlich auf die Arbeit. In dem Kapitel über Herr und Knecht stellt Hegel eine neue Theorie über die menschliche Arbeit auf. Er unterscheidet zwei Formen menschlicher Existenz; in der einen ist der Mensch an seine Arbeit so gebunden, daß sie sein ganzes Leben bestimmt, während in der anderen Lebensform ein Mensch sich die Arbeit eines anderen aneignet und sie besitzt. Der Erstgenannte, der Knecht, ist dem Herren gänzlich ausgeliefert; der Herr besitzt ja die Mittel zur Reproduktion des Lebens. Diese Abhängigkeit des einen vom anderen ist nicht durch Schwäche oder natürliche Minderwertigkeit begründet, als sei der Knecht fauler oder dümmer oder »weniger entwickelt« als der Herr, sie ist vielmehr durch die Besitzverhältnisse hergestellt. Der Knecht, der Sklave, der Lohnarbeiter wird ein Ding, dessen Existenz darin besteht, benutzt zu werden. Eben das nennt Hegel Entfremdung des Menschen, weil der Mensch dann seine Menschlichkeit verloren hat, die darin besteht, ein Zweck in sich selbst zu sein und nicht ein Mittel für etwas anderes. Ist diese Menschlichkeit im Bereich der

Arbeit verloren, so läßt sich der Verlust nicht anderswo, etwa in der Freizeit, kompensieren. Es ist eine verbreitete Illusion, daß man in wenigstens einem Bereich seines Lebens Mensch sein könnte, wenn einem diese Menschlichkeit in allen anderen wesentlichen Bereichen verweigert wird. Es ist ein von der bürgerlichen Soziologie oft wiederholter Irrtum, man könne Freiheit, Abenteuer, Selbstbestimmung und Glück ins Private retten, da sie im öffentlichen und im Arbeitsleben unerreichbar seien. Die Bürde, die dann im generell falschen Leben auf die intimen Beziehungen fällt, zerstört diese selber.

Zumindest ist Hegel von einer solchen Kompensationsideologie, die die Arbeit selber als entmenschlichend festschreibt, entfernt. In seiner Analyse geschieht auch der dialektische Umschlag in Befreiung durch die Arbeit. Der Herr oder Meister lebt in Hegels Sicht von der Produktivität seiner Knechte. Er selbst ist nicht produktiv und aktiv. Er engagiert sich nicht. Diese wesensmäßige Faulheit ist für den Herren gefährlich, er hat sich selber der Mittel der menschlichen Selbstverwirklichung beraubt. Er lernt nichts mehr, er macht keine neuen Erfahrungen, während auf der anderen Seite der Prozeß der Arbeit selber das Bewußtsein des Arbeiters verändert. In Hegels Sicht ist der Knecht, der Diener, der Schwache stärker als der Herr, weil er arbeitet. Der, der nichts besitzt als seine eigenen Hände, um zu arbeiten, wird stärker, indem er die Erde berührt, indem er sich, wie Hegel sich ausdrückt, mit der Natur vermittelt. In historischer Perspektive kann man sagen, daß der Knecht die progressiven Kräfte der Geschichte repräsentiert. Er ist ausgebeutet und entfremdet, aber er arbeitet; er fährt fort zu produzieren, er entäußert sich selber in seine Arbeit hinein, entfremdet sich selber, aber er gewinnt sich selbst zurück. Die Notwendigkeit, etwas zu produzieren, macht es zugleich für ihn möglich, sich selber zu realisieren.

Das ist nicht abstrakte Philosophie. Ich glaube, jeder Mensch, der einmal kreativ gearbeitet hat, kennt diese Dialektik der Arbeit. Da ist Entfremdung, Langeweile, Fremdbestimmung, dieses Von-sich-Fortgehen in das äußerliche Fremde hinein, und da ist auch die andere Erfahrung des Sich-selber-Wiedergewinnens in produktiver Arbeit. Arbeit ist ein Teil unserer Selbstverwirklichung. Wer sich selbst verliert, gewinnt sich. Die Veräußerlichung, die Entfremdung ist notwendig auf dem Weg der Menschwerdung des Menschen. Es gibt keinen unmittelbaren Weg in das unentfremdete Leben, ja dieser Wunsch, den wir alle immer wieder hegen, ist kindisch.

Wir müssen das Paradies verlassen, wir müssen die fremde Welt der Objekte entdecken, um zurückkehren zu können in eine dann veränderte Welt.

Entfremdung hat in Hegels Denken einen doppelten Sinn: Abhängigkeit, Ausbeutung, Selbstverlust auf der einen Seite, aber zugleich hat der Begriff seine eigene Dialektik, die ganz im Rahmen der jüdisch-christlichen Tradition gedacht ist. Von der Entfremdung der Arbeiter sprechen heißt von der Stärke der Schwachen reden, vom Mut derer, die rechtlos gemacht worden sind, von der Wahrheit derer, die Hunger haben, von der Befreiung der Abhängigen. Es wird in der Theologie ja gern und meist sehr abstrakt von der Hoffnung geredet; entscheidend scheint mir die Frage, wem denn die Hoffnung gegeben ist, wer denn von Hoffnung lebt. Im Sinne der Tradition ist zu antworten: Es sind die Armen, die Knechte – mit Hegel zu reden. Für sie ist die Hoffnung da, nicht als etwas, das man haben oder nicht haben kann, wie es einem innerhalb der Mittelklasse oft erscheint, sondern als etwas Lebensnotwendiges. Die einzige Art, in der Leute aus der Mittelklasse an Hoffnung partizipieren können, ist die, sich die Hoffnungen der Unterdrückten zu eigen zu machen und sie zu teilen.

Aber zurück zu Hegels Gedanken, daß die Entfremdung des Menschen von sich selber durch Arbeit ihn auch wieder befreit und nach Hause führt. Ist das nicht eine allzu idealistische Annahme, daß die Arbeitenden durch ihre Arbeit die Stärke der Schwachen gewinnen könnten? Denkt Hegel hier nicht aus dem vorindustriellen Kontext heraus, in dem ja auch der abhängige Schuhmachergeselle die Erfahrung der Produktivität machen konnte? Ist nicht die neue Erfahrung demgegenüber gerade die, daß Menschen sich in ihrer Arbeit nicht mehr selber realisieren können, weil sie von jedem relevanten Element der Produktivität entfremdet und getrennt sind? Arbeiter planen ihre eigene Produktion nicht. In der chemischen Industrie zum Beispiel werden sie nicht gefragt, ob sie aus Plastik napalmgefüllte Bomben oder Kinderspielzeug herstellen wollen. Sie sind auch vom Organisationsprozeß der Arbeit entfremdet, der zu Kreativität beiträgt. Sie haben keine Möglichkeit, die Organisation der Arbeit, die Zeiteinteilung, das Tempo und die Arbeitsverteilung mitzubestimmen. Sie sind ein Teil des Prozesses, aber ohne Macht und Kontrolle über den Prozeß. Verkauf und Verteilung der Dinge, die sie produziert haben, sind ebenfalls außer ihrer Kontrolle. Es ist der allmächtige sogenannte freie Markt, der verlangt, daß zum Beispiel Lebensmittel vernichtet werden, bevor man sie billiger verkauft. Die gesamte Idee einer Wegwerfproduktion ist in sich ein Angriff auf die Würde und Kreativität menschlicher Arbeit. Wenn das, was ich gemacht habe, gut genug ist, in den Abfall zu wandern, ehe es gebraucht wird, was sagt das über mich? Was geschieht mit mir, wenn ich alt bin? Die Arbeiter sind auch getrennt vom Mehrwert dessen, was sie produzieren, und zwar nicht nur wegen des vielfach auch in den reichen Ländern zu geringen Lohns. Die Entfremdung der Menschen durch die Lohnarbeit würde auch bei höheren Löhnen fortbestehen, insofern der gemeinsam produzierte Mehrwert nur individuell und nicht kollektiv angeeignet würde. Unsere großen und wichtigen Bedürfnisse sind kollektiv; wir teilen sie mit anderen: das Bedürfnis nach Wasser und Luft, nach Transport und Kommunikation, nach Erziehung und Gesundheit, nach Anteilhabe und Mitbestimmung in unseren kulturellen und politischen Aktivitäten. Der Zustand der Selbstentfremdung im System der Lohnarbeit verhindert aber gerade die Erfüllung dieser unserer Bedürfnisse. Genau das, was in Hegels Analyse Hoffnung auf Befreiung aussprach, nämlich daß die

Arbeitenden sich selber in ihrer Arbeit verwirklichen, daß sie ihr entäußertes Leben zurückgewinnen, genau das bleibt uns unter den wirtschaftlichen Bedingungen verweigert, die auf privatem Eigentum basieren und deren Ziel entsprechend nicht die Befriedigung der Bedürfnisse ist, sondern die Steigerung des Profits. Die Selbstentfremdung der Arbeiter bleibt auch in den reichen Industrienationen bestehen. Die grundlegenden gesellschaftlichen Widersprüche zwischen Kapital und Arbeit, zwischen einer Produktion zum Beispiel von Lebensmitteln im Interesse der Menschen und ihrer Gesundheit und einer Produktion von gesundheitsschädlichen Lebensmitteln im Interesse des Profits, bleiben bestehen. Die grundlegenden ökonomischen Widersprüche sind die Bedingungen für das, was ich den objektiven Zynismus der Situation genannt habe mit seiner Tendenz zur Selbstzerstörung. Die objektive Verachtung, die mir in meiner Arbeit angetan wird, bereitet den Boden vor für das psychische Elend in den hochindustrialisierten Ländern, das sich im massenhaft auftretenden Alkoholismus, in Selbstmordraten, psychischen Störungen zeigt.

Wir können der klassischen philosophischen Tradition folgen und mit Karl Marx vier verschiedene Formen der Entfremdung der arbeitenden Menschen unterscheiden. Er oder sie ist entfremdet von der Natur, von sich selber, von seinem Mitmenschen und von seiner Species. Von der Natur entfremdet zu sein heißt den tiefen Sinn menschlicher Arbeit, der in der Versöhnung von Menschheit und Natur besteht, zu verleugnen. Es heißt, die Natur als ein ausbeutbares Objekt anzusehen und zu behandeln. Unsere tiefste Erfahrung in der Arbeit hat zu tun mit der Begegnung mit der Natur, aber der Industriearbeiter und Angestellte ist von dem Geben und Nehmen, von dem kreativen Umgang mit der Schöpfung ausgeschlossen. Ich sah vor kurzem ein Plakat, auf dem ein Teil des Erdballs aus der Luft fotografiert war. Die Erde war verkratert und zerrissen. Darunter stand: »Liebe deine Mutter.«

Entfremdung oder Sünde bedeutet eine über uns verhängte Struktur, unter der lebend wir das Gute nicht tun können. Sünde bedeutet gezwungen sein zu sündigen, ausgebildet werden, zu zerstören, erzogen werden zur Ausplünderung. Dem Gesetz unserer Welt folgend, können wir »unsere Mutter nicht lieben«. Solange wir nicht in Christus sind, sondern unter dem Gesetz, unter der Herrschaft der Industriekultur kapitalistischer Prägung, herrscht die Entfremdung über uns, und unser gesamtes Verhältnis zur Schöpfung ist zerstört.

Der Arbeiter ist, zweitens, von sich selber entfremdet. Man kann das an vielen einzelnen Phänomenen darstellen. Ich will eines herausgreifen, nämlich das Verhältnis des Arbeiters zur Zeit. Wie die Arbeit organisiert und eingeteilt wird, darüber hat die Mehrzahl der Beteiligten nichts zu sagen. Sie müssen sich dem Rhythmus der Maschine oder des Fließbandes anpassen, und daraus folgt, daß die Zeit für die in der Fabrik Arbeitenden auseinanderfällt, sie wird eine Nicht-Zeit, ja das Gefühl für die Zeit stirbt ab. Simone Weil hat das in ihrem Fabriktagebuch beschrieben. Es gibt dabei einen Verlust von Vergangenheit und Zukunft, eine künstlich hergestellte psychotische Situation. Mehr und mehr Menschen verlieren die Fähigkeit, sich zu erinnern an das, was war, und zugleich die Fähigkeit, sich eine Zukunft vorzustellen, eine Vision zu haben. Das visionslose Weitervegetieren wird zur normalen Lebensweise, die Hoffnung trocknet aus. Auch diese Form der Entfremdung von sich selber ist, was wir in theologischer Sprache Sünde nennen: die Unfähigkeit, zu glauben und zu hoffen, der Zwang, in der Sünde kleben zu bleiben. Die Zerstückelung und Zerstörung der Zeit entfremdet uns von dem Stück Autonomie, das der Mensch, der seine Zeit zumindest potentiell einteilen und organisieren kann, der Wünsche und Träume hat, besitzt. Der Zwang, zu sündigen oder entfremdet zu leben, ist hier wie ein Zwang zur Leblosigkeit. Sünde hat im modernen Kontext überhaupt mehr den Charakter von passivem, unwilligem Es-geschehen-Lassen, Nichts-dagegen-getan-Haben als von aktivem Handeln. Unser Töten und Stehlen geschieht in der Mehrzahl der Fälle unbewußt und ungewollt, wir merken kaum, daß wir töten und stehlen; aber dieses unbewußte Verflochtensein in einen wirtschaftlichen Kontext, der Diebe und Mörder voraussetzt, um zu funktionieren, ist gerade die Entfremdung der Menschen von sich selber.

Der in der Fabrikgesellschaft arbeitende Mensch ist drittens entfremdet von seinem Mitmenschen. Das fängt in der Schule an, in der gegenseitiges Helfen verboten ist und als »Pfuschen« bestraft wird. In Westdeutschland geht der Schulstreß zum Beispiel so weit, daß einem Klassenkameraden, der gefehlt hat, die Hausaufgaben nicht mitgeteilt werden, daß Freundschaften zerbrechen oder innerhalb der Konkurrenz in der Leistungsgesellschaft gar nicht erst entstehen. Die Arbeiter und Angestellten in den Betrieben wissen nicht, was der oder die Kollegin verdient. Menschliche Beziehungen zwischen verschiedenen Schichten oder Einkommensklassen sind so gut wie unmöglich. Die Klassengesellschaft gefährdet, verzerrt oder zerstört die Bindungen der Menschen aneinander. Jeder ist allein, und dank weit verbreiteter Poesie soll er sich auch so fühlen. Auch diese Form der Entfremdung und Sünde ist weniger in unserem Tun als in unserem Zulassen zu Hause.

Im Johannesevangelium wird die Geschichte erzählt von den Kranken am Teich Bethesda, die auf einen Engel warten, der kommen und das Wasser bewegen soll. Wer dann als erster ins Wasser kommt, wird gesund. Jesus spricht mit einem der Kranken, der jahrelang gewartet hat. Er kann nicht zum Wasser kommen und sagt zu Jesus: »Herr, ich habe keinen Menschen, der mich zu dem Teich bringt, wenn das Wasser sich bewegt« (Johannes 5,7). Sünde ist die Entfremdung des Menschen von seinen Nächsten. Solange ein Kranker sagen muß: »Herr, ich habe keinen Menschen, der mich zu dem Teich bringt«, so lange ist die gesellschaftliche Situation von dem Gesetz der Sünde und des Todes bestimmt. Die Krankheit ist ja dem Neuen Testament zufolge nicht eine Privatangelegenheit, die jeder für sich allein zu behandeln hat. Es ist vielmehr eine soziale Angelegenheit, eine Frage für die anderen. Aber die Sünde, unter der wir uns beugen, zerstört genau die kleinste gesellschaftliche Einheit, die nicht das Individuum ist, sondern zwei Menschen. Der Kranke am Teich Bethesda spricht wenigstens noch zu Jesus, er sagt klar, warum er immer noch krank ist: weil er keinen Menschen hat. Er ruft um Hilfe. Aber die meisten Kranken innerhalb der ersten Welt betrachten ihren Körper und was ihm zustößt als eine Privatangelegenheit. Die abgenutzte Maschine muß repariert werden. Sie wissen den einfachen Zusammenhang nicht, der zwischen ihrer Krankheit und ihrem Keinen-Menschen-Haben besteht. Sünde ist unter anderem ein Zustand, in dem wir blind sind und wahrnehmungsunfähig.

Die vierte Form der Entfremdung für den Arbeiter in der Industriegesellschaft ist die Entfremdung von seiner Species, von seinem Menschsein. Er ist entfremdet von dem, was es bedeutet, ein Mitglied der menschlichen Familie zu sein. Das drückt sich in der reichen ersten Welt als Depolitisierung aus. Da politisches Handeln und Agieren nicht verlangt und erwartet wird innerhalb der Arbeitswelt, geht die politische Fähigkeit, die menschliche Fähigkeit der Anteilnahme, der gerechten Empörung, des Kämpfens zugrunde. Die Mehrzahl der Menschen in der Angestelltengesellschaft nimmt nicht aktiv teil an dem, was die menschliche Familie beschäftigt. Wir sind von den wirklichen Kämpfen der Menschheit und von ihren wirklichen Problemen abgeschnitten. Was zum Beispiel der Kampf gegen den Hunger bedeutet, ist den meisten unbekannt.

Seit frühester Kindheit sind wir daran gewöhnt,

die Herrschaft von hergestellten Produkten über herstellende Arbeiter anzuerkennen. Was wichtig ist, was Schonung verdient, worauf man Rücksicht nimmt, ist die Maschine und das verkäufliche Produkt. Diese Perversion ist so selbstverständlich, daß ein Zusammenhalt der Menschheit, ein Gefühl dafür, daß wir alle als Menschenfamilie auf einem kleinen Erdball miteinander auskommen müssen, abgestorben ist. Apartheid ist nicht nur das Werk einiger rückständiger Rassisten in Südafrika. Apartheid ist eine Lebensweise, die des Jeder-für-Sich. Wenn die Arbeiter am Hafen Kriegsmaterial verschiffen, Bomben in Länder der dritten Welt verladen, so wissen sie nicht, was sie tun. Sie haben keine Beziehung zu den Inhalten, zur Substanz ihrer Arbeit. Sie haben kein Bewußtsein von dem, was sie und in wessen Interesse sie das anrichten. Sie wollen fertig werden, Lohn bekommen und nach Hause gehen. Als gutverdienende weiße Hafenarbeiter leben sie abgeschnitten von den Hoffnungen und den Ängsten der Menschheit.

Sie sind entfremdet von der Natur, von ihrer eigenen Produktivität, voneinander und von ihrem Menschsein. Diese Art der Entfremdung betrifft zwar zunächst die Industriearbeiter, für die die menschliche Erfahrung der Arbeit als ein Sich-wiedergewinnen aus Entäußerung objektiv massenhaft unmöglich geworden ist. Ihre Arbeit ist sinnlos, oder um es in einem Wort zu sagen: Es ist Lohnarbeit. Der einzige Sinn dieser Arbeit ist, was man dafür bekommt, das Entgelt. Das bedeutet aber nichts anderes, als daß die Sache selber, in sich, sinnlos geworden ist. Unter dieser Sinnlosigkeit und

Entfremdung leiden nicht nur die Arbeiter, sondern auch die übrigen Lohnabhängigen, die Angestellten. Die Entfremdung, die zu einem frühen Zeitpunkt der Industrialisierung analysiert worden ist, hat sich nicht entscheidend verändert. Zwar ist das physische Elend in den reichen Ländern im wesentlichen aufgehoben, aber durch neuartiges psychisches Elend ersetzt. Die Ausbeutung wurde exportiert, einmal in die armen Länder, sodann in die wachsenden Randgruppen innerhalb der ersten Welt: Minoritäten, Andersrassige, Gastarbeiter, physisch oder psychisch Beschädigte und Frauen. Diese Gruppen, die die dritte Welt innerhalb der ersten repräsentieren, erfahren Entfremdung unmittelbar. Aber auch die herrschenden Gruppen einer Gesellschaft, in der die Mehrheit in ihren wesentlichen Lebensbeziehungen – zur Natur, zum anderen Menschen, zu sich selber – gestört ist, leben nicht ohne diese Störung. Das Konzept der Entfremdung ist sowenig wie der Begriff der Sünde ein moralisches Gedankengebilde, in dem die bösen Leute die guten entfremden. Es ist tatsächlich ein ganzheitliches Konzept, das davon spricht, wie eine bestimmte Art zu produzieren Macht gewonnen hat über die Produzenten, wie das Tote herrscht über die Lebenden. Unsere Art zu produzieren und unsere Arbeit zu organisieren erlaubt es dem Kapital, uns zu beherrschen. Alle anderen Lebensinteressen und menschlichen Bedürfnisse werden dem einen Bedürfnis, mehr Profit zu machen, untergeordnet. Selbstverständlich spielen dabei Neid und Selbstsucht eine Rolle, aber das wirkliche Problem liegt nicht auf der individual-moralistischen Ebene.

Die Sünde ist nicht die charakterliche Schwäche von Individuen, sondern eine strukturierende, die Gesellschaft beherrschende Macht. Sie stellt eine Perversion des Lebens dar: Totes Kapital herrscht über lebendige Männer und Frauen, die wie Rädchen in einer Maschine behandelt werden, während tote Dinge theoretisch und praktisch als Gott, als Lebensspender verehrt werden. Wir leben in einer Welt der universalen Verkäuflichkeit. Der Wert einer Sache wird von uns bemessen an ihrer Verkäuflichkeit. Was bekomme ich dafür? fragt man sich, nicht: Welchen Sinn hat das in sich selber? Die Geschichte der Erziehung in den westlichen Gesellschaften ist ein Beispiel für diese wachsende Verdinglichung. Erziehung hatte einen Wert in sich selber, einen Gebrauchswert, der nicht eintauschbar war. Ich habe zum Beispiel ein humanistisches Gymnasium besucht und Platon gelesen, als ich 18 war. Das hatte eine große Bedeutung für mich, aber es brachte nichts. Platonkenntnis war kein Tauschwert. Erziehung hatte ihren Sinn in sich selber, die Frage des Weiterverkaufes wurde nicht unmittelbar gestellt. Heute ist der offene Zynismus in dieser Frage sehr viel größer. Was ich lerne, wird unter dem Gesichtspunkt meiner Verkäuflichkeit angesehen. Absolventen von bestimmten Colleges in den USA haben von vornherein andere Chancen. Erziehung ist Teil der Verkaufswelt geworden.

Ich will an dieser Stelle aus der Beschreibung der Situation übergehen in eine theologische Deutung. Die Entfremdung, die wir erfahren, ist die Sünde, die über uns herrscht. In einem christlichen

Verständnis der Welt sind Sünde nicht die partikulären Aktivitäten, etwa Verletzung sexueller Normen, die wir als einzelne unternehmen, sondern Machtstrukturen, die über uns herrschen, etwas, dem wir unterworfen sind, aus dem wir befreit werden müssen. Es geht nicht vorrangig um die Übertretungen von einzelnen Geboten, sondern um das Leben unter einem anderen Gott, der im Neuen Testament »Mammon« genannt wird. Sünde ist, daß wir diesem Gott dienen, an dieser zerstörerischen Perversion teilnehmen. Wir leben in einer Kultur der Ungerechtigkeit, wie José Miranda gesagt hat. Diese Ungerechtigkeit ist nicht so sehr in einzelnen Taten manifest, sondern in unseren Unterlassungen und in dem, was wir zulassen. Die Ausplünderung der dritten Welt ist ein Faktum, auf dem die Kultur der Ungerechtigkeit beruht. Indem wir an dieser Kultur partizipieren, sind wir der Macht der Sünde unterworfen.

Das Bekenntnis, daß ich ein Sünder bin, hat für mich wenig Tiefe oder Kraft gehabt, solange ich es im Rahmen der bürgerlich-individualistischen Theologie verstand. Erst als ich merkte, daß ich eine Deutsche bin nach Auschwitz, erst als ich anfing, mich als einen Teil des Kollektivs Deutschland in diesem Jahrhundert zu begreifen, hat sich mein theologisches Verständnis vertieft. Ich lernte mich selber zu verstehen als einen Teil der kollektiven Entfremdung; ich partizipiere an und ich introduziere für andere Entfremdung. Ich mache mit und ich gebe weiter, ich bin hineingeboren, aber ich bin auch aktiver Teil der Kultur der Ungerechtigkeit. Die Sünde ist nach klassischem theologischen

Verständnis immer beides, Schicksal und Schuld. Im Protestantismus ist der Charakter persönlicher Schuld immer stark betont worden. Das kollektive Verhängnis wurde zurückgedrängt oder mythisch ontologisiert. Statt die historischen Konkreta der Sünde als der unser Leben beherrschenden Macht darzustellen, haben wir das Urböse, das radikal Böse als einen unbesiegbaren Feind gesehen und eine genauere Analyse historischer Bedingungen versäumt. Wenn wir heute Entfremdung als einen Schlüsselbegriff einführen, so ist das als eine Hilfe gemeint, um das Sündenverständnis einer bürgerlich-protestantischen Theologie zu überwinden. Sünde als Entfremdung der arbeitenden Menschen von sich selber, dem Nächsten, der Natur und der Menschlichkeit zu verstehen bedeutet, das überkommene Konzept zu korrigieren in zwei Richtungen: Wir müssen von einem nur individualistischen Verständnis wieder zu einem kollektiven kommen, wir müssen von einem ontologischen Verständnis zu einem historischen kommen.

Sünde ist eine Macht, die uns in der Tat, wie Paulus sagt, zu Sklaven macht (Römer 6,20). Sie »regiert« in unseren sterblichen Leibern (Römer 6,12), sie beherrscht uns. Alle diese Sätze und Reflexionen des Apostels Paulus kann ich nur verstehen, wenn ich sie auf das Kollektiv beziehe, in dem ich lebe, wenn ich sie beziehe auf die Klasse, der ich angehöre, die Rasse, die Nation. Die Frage, ob ich als Aktivist oder Passivist in Sünde verstrickt bin, ist dann nicht mehr entscheidend, wohl aber die Frage, wie tief meine Erkenntnis der Sünde geht und wo ich im Kampf gegen ihre versklavende

Macht stehe. Der liberale Protestantismus konnte die ganzheitliche und kollektive Dimension der Sünde nicht verstehen. Er hat zwar die Schuldfähigkeit des einzelnen gestärkt und vertieft, aber er hat diese Schuldfähigkeit zugleich mit einem anthropologischen Pessimismus verwechselt, in dem die befreienden Traditionen des Glaubens unterschlagen wurden. Sünde wurde dann als ein metahistorisches Konzept angesehen, und es ist durchaus im Sinne bürgerlicher Religiosität, wenn Pfarrer von den Kanzeln und Kirchenleitungen in ihren öffentlichen Äußerungen betonen, daß wir die menschliche Natur nicht ändern können. Daß der böse Trieb tief und unausrottbar in uns steckt. Daß der Mensch böse von Natur sei und dies in jeder denkbaren Gesellschaft. All diese Aussagen wurden und werden benutzt, um Veränderungen der Gesellschaft zu verhindern, sie werden in einem reaktionären Sinne benutzt. Ist das das Interesse der Bibel, wenn sie über Sünde spricht?

Sünde ist ein Begriff, der die zerstörte Beziehung zwischen Gott und den Menschen beschreibt, aus der die Zerstörung unserer Beziehung zu uns selber, zu unserem Nächsten und zu Schöpfung und menschlicher Familie folgen. Die Bibel ist nicht daran interessiert, etwas über unsere substantielle Natur zu sagen, sondern sie definiert uns in Hinsicht auf unsere Beziehungen und beschreibt in der Tat deren Zerstörung in der Weltzeit vor Christus. Aber leben wir nicht immer noch »vor Christus«? Wann immer wir einstimmen in das Lied: »Du kannst die menschliche Natur nicht ändern«, haben wir der Sünde Macht über uns gegeben und die

Macht Christi über unser Leben verleugnet. Wir haben dann die Perspektive der Entfremdung, in der wir leben, zur einzigen gemacht. Der vulgäre Protestantismus, der in seinen säkularisierten Formen das Denken der ersten Welt bestimmt, vor allem in den unproduktiven totalisierten Schuldgefühlen, beharrt auf der Unveränderlichkeit der menschlichen Natur. »Mit unserer Macht ist nichts getan«, wie es in Luthers Lied heißt, wird zu einem Ausdruck bürgerlicher Ohnmacht angesichts der versteinerten Verhältnisse. Diese naturalistische Perspektive kann weder Geschichte und Veränderung denken noch ein tiefes Verständnis von Schuld und Verantwortung entwickeln. Ich will ein Beispiel zitieren, es ist der Schulaufsatz eines zwölfjährigen Jungen, der in Harlem in New York aufgewachsen ist. Er sollte eine Tiererzählung, eine Fabel mit einer Moral am Ende schreiben.

»Once a boy was standing on a huge metal flattening machine. The flattener was coming down slowly. Now this boy was a boy who loved insects and bugs. The boy could have stopped the machine from coming down but there were two lady bugs on the button, an in order to push the button he would kill the two lady bugs. The flattener was about a half inch over his head now he made a decision he would have to kill the lady bugs. He quickly pressed the button. The machine stopped, he was saved, and the lady bugs were dead.
Moral: smash or be smashed.«

»Es war einmal ein Junge, der stand auf einer großen Metallpresse. Die Stahlplatte senkte sich langsam auf ihn nieder. Nun hatte der Junge Insekten und Käfer besonders gern. Um die Maschine zu stoppen, hätte der Junge nur einen Knopf drücken müssen, aber auf dem saßen zwei Marienkäfer; wenn er jetzt den Knopf drückte, würde er sie töten. Die Stahlplatte war nur noch einen halben Zoll von seinem Kopf entfernt, da traf er die Entscheidung: Er mußte die Marienkäfer töten! Schnell drückte er auf den Knopf, und die Maschine stoppte. Er war gerettet – die Marienkäfer waren tot. Moral: Vernichte oder laß dich vernichten!«

Man kann diese Geschichte auf zwei Arten lesen. Die eine Deutung wäre eine natürliche und ontologische Deutung. Die menschliche Natur ist unveränderbar. Wir sind nicht in der Lage, nicht zu sündigen. Das Leben ist diese alles niederwalzende Maschine, daran kann man nichts machen. Smash or be smashed. – Die andere Art, diese Geschichte zu lesen, ist sozusagen historisch orientiert. Dann liest man die Geschichte nicht im Interesse ihrer allgemeinen ontologischen Wahrheit, sondern fragt nach dem kolletiven Schicksal, aus dem sie entsteht. Die Fragen, die man sich dann stellt, heißen: Was ist die Situation dieses Jungen aus dem Getto? Was wissen wir über seine Wohnverhältnisse, seine Familienbeziehungen und seine Arbeitsaussichten? Wie ist die Schule, in die er geht? Und was kann man über eine Gesellschaft sagen, in der zwölfjährige Kinder wie dieses solche Phantasien haben? Ist das von Natur so? War das immer so? Würden die Vorfahren dieses schwarzen Jungen in ihrem afrikanischen Stamm eine ähnliche Geschichte erfinden müssen?

Über die Sünde existiert eine Menge theologischer Verwirrung. Manche Leute verwechseln Sozialdarwinismus mit der christlichen Lehre von der Sünde. Sie verstehen, daß wir in einem Dschungel leben, daß wir bedroht sind von riesigen omnipotenten Maschinen wie die, von der der kleine Junge träumt. Es gibt keine Fluchtmöglichkeit, wir sind machtlos. Sozialdarwinismus ist eine Anschauung, die das Leben als naturgegebenen Kampf und Selektion begreift. Entweder ich oder du. Smash or be smashed. Das Gefühl der Ohnmacht und der Unmöglichkeit, etwas an der großen Maschine zu ändern, beherrscht uns. Aber diese von uns erfahrene Entfremdung ist nicht ein Schicksal, sondern sie ist Sünde. Es ist nicht einfachhin die technologische Entwicklung, die zu unserem jetzigen Weltzustand führt. Wenn wir uns hilflos und machtlos fühlen, so sagt dies etwas über uns selber und reflektiert nicht nur die vorgegebene Situation. Es sagt etwas über unseren Mangel an Glauben.

Der Gegensatz zu Sünde ist ja nicht moralische Reinheit. Dieser Gegensatz berührt nur die einzelnen Übertretungen. Ich habe gelogen, oder: Ich habe die Wahrheit gesagt, das wäre ein moralischer Gegensatz. Aber das wirkliche Problem ist, daß ich in einer Welt der Lüge lebe, in der Wahrheit zu erkennen und zu tun unmöglich ist. Der Raum der Wahrheit ist uns weggenommen, weil eine Wahrheitssuche und eine Wahrheitsfindung, die das Problem der Gerechtigkeit ignoriert, zum Scheitern verurteilt ist. Man kann das am deutlichsten an der Militarisierung der Wissenschaft[7] und ihrer Abhän-

---

7 Vgl. dazu: Günter Altner, *Leidenschaft für das Ganze*, Zwischen Weltflucht und Machbarkeitswahn, Kreuz Verlag, Stuttgart 1980, S. 18f.

gigkeit vom wachsenden Militarismus der Gesellschaft zeigen.

Das Gefühl der Machtlosigkeit ist die tiefste Form der Entfremdung, die unsere Kultur herstellt. Wir glauben uns selber unfähig, etwas zu ändern. Das System, in dem wir leben, präsentiert sich selber als eine dämonische Mischung aus Zwang und Verführung. Viele wissen, wie zerstört sie selber und ihre Nächsten sind. Aber der Kampf scheint aussichtslos. Es gibt nichts, was man an den grundlegenden Bedingungen ändern könnte, und schließlich: Ist es denn wirklich so schlimm, sind das nicht Übertreibungen und falsche Erwartungen? Ich spreche über die Menschen in der ersten Welt. Oft enden sie in einer halbherzigen Rechtfertigung des Systems, ein Leben ohne Glauben.

Glaube würde ein tieferes Vertrauen zur Wirklichkeit der Befreiung zeigen als das, was wir haben. Glaube würde die sozialdarwinistische Aussage, daß die menschliche Natur unveränderlich ist, nicht gelten lassen. Glaube bedeutet nicht, die Selbstentfremdung auszuhalten, sondern sie zu transzendieren.

Paulus spricht in den ersten drei Kapiteln des Römerbriefes über die Sünde als eine Macht, die diejenigen beherrscht, die es sich erlaubt haben, von ihr beherrscht zu sein. Menschen haben die falschen Götter inthronisiert, ihre eigenen Produkte an die Stelle Gottes gesetzt. »Sie vertauschten die Herrlichkeit des unvergänglichen Gottes mit dem Abbild der Gestalt von vergänglichen Menschen, von Vögeln, Vierfüßlern und Gewürm« (Römer 1,23). Sie haben tote und lebende Dinge vertauscht; statt das Leben zu lieben und zu verehren, haben sie ihre eigenen Produkte verehrt und kultiviert. »Sie haben die Wahrheit Gottes gegen die Lüge eingetauscht und nun dem Geschöpf Verehrung und Anbetung erwiesen anstatt dem Schöpfer« (Römer 1,25).

Um offen über meine eigene theologische Biographie zu sprechen, ich hatte immer Schwierigkeiten, Paulus hier zu verstehen. Ich wußte nicht, was die mythologische Idee, seltsame Vögel und Tiere zu verehren, die aus einer anderen religionsgeschichtlichen Epoche stammt, heute noch soll. Während meines Studiums lernte ich, daß die Reformatoren einen Versuch gemacht haben, das, was Götzendienst für uns ist, zu übersetzen. Sie deuteten die Idolatrie so, daß einige Leute Sexualität oder Geld oder Machtgewinn anstelle Gottes verehren und zu ihrem Gott machen. Ich fand aber diese Deutung ziemlich künstlich, weil ich die dämonische Macht dieser Götzen, ihre absolute Herrschaft nicht so recht einsehen konnte, zumal die Reformatoren das paulinische kollektive Geschichtsverständnis wegließen. Ihre Deutung war eine Individualisierung des Verständnisses von Sünde, ganz und gar unpaulinisch. Erst durch die Begegnung mit der Hegel-Marxschen Tradition habe ich verstanden, wie wahr Paulus spricht; es gibt in der Tat eine Macht der produzierten Dinge über die menschlichen Wesen. Die Produktion, die Arbeit unserer Hände, wird der Gott und Gesetzgeber unseres Lebens. Die Perversionen der Antike scheinen vergleichsweise harmlos gegenüber unseren alltäglichen Erfahrungen. Unsere Gesetze beschützen das Privateigentum; sind sie nicht dazu da, menschliche Lebewesen zu schützen? Die Qualität unseres Lebens in der ersten Welt nimmt ab trotz bleibenden oder steigenden Wohlstands. Wir leben unter der Macht der Sünde, von der Paulus spricht; Götzenverehrung auf der subjektiven Seite, Herrschaft auf der objektiven Seite sind die beiden Elemente der Definition der Sünde, die Paulus gibt. Er faßt zusammen, was wir nicht als ein antikes Dokument hören sollten, sondern als eine Botschaft an uns am Ende des 20. Jahrhunderts. »Da ist kein Gerechter! Nicht einer! Da ist kein Verständiger, keiner, der wirklich nach Gott fragt. Schnell sind ihre Füße, Blut zu vergießen, die Spur ihrer Schritte sind Trümmer und Elend. Den Weg zum Frieden kennen sie nicht, es ist keine Gottesfurcht vor ihren Augen« (Römer 3,10 und 15–18).

Die christliche Lehre über die Sünde sagt uns, daß wir Sünde erst erkennen können, wenn wir ihr Reich verlassen, wenn wir sie transzendieren. Der Sünder selbst versteht nicht, wo er lebt und was vor sich geht. Er ist wie der reiche Mann in einem deutschen Märchen[8], der nach seinem Tode an einen schönen Ort kam. Er schläft in einem weichen Bett, das Essen ist wunderbar, im Keller sind Kisten voll Gold und Edelstein. Aber nach tausend Jahren langweilt er sich und fragt: Wo bin ich hier eigentlich? Ist das euer gepriesener Himmel? Dann kommt Petrus vom Himmel und erzählt ihm, daß er in der Hölle ist.

---

8   Das Märchen heißt »Von Himmel und Hölle« und ist das vorletzte in dem Buch *Träumereien an französischen Kaminen* von R. von Volkmann-Leander, das erstmals 1871 erschienen ist.

Solange wir im System der Entfremdung und Sünde heimisch sind, haben wir kein volles Bewußtsein von der Realität.

Unsere Erziehung ist eine Art Gehirnwäsche, die uns am Sehen hindert. Die traditionelle Theologie lehrt, daß es nur einen Platz in der Welt gibt, an dem wir sehend werden können, das ist das Kreuz. Es ist der Platz, wo ich zuerst das Licht sah, ich war verloren, ich war blind, ich war entfremdet, ich verehrte den toten Mammon anstatt des lebendigen Gottes. Über die Sünde in einem theologischen Sinn sprechen heißt über die Vergangenheit reden. Der reiche Mann in seinem Palast kann das nicht, er meint, er sei im Himmel. Aber wer kann über die Entfremdung sprechen? Es ist der Christ, der sich dem Kampf angeschlossen hat, der frei geworden ist von den Gefühlen der Machtlosigkeit, der die eigene Angst überwunden hat. Es ist der Christ, der zurückkommt, um das zu übernehmen, was er mit dem armen Mann aus Nazareth gemeinsam hat, nämlich das Kreuz.

3. Kreuz und Befreiungskampf

Ich habe die letzte Vorlesung mit einem Hinweis auf das Kreuz geschlossen, ein Hinweis auf den Ort, wo Christen stehen, wenn sie beginnen, sich der Kultur der Ungerechtigkeit, der Entfremdung als Sünde bewußt zu werden. Das Kreuz lehrt uns die Erkenntnis der Sünde; in der Nachfolge des Mannes, der zu Tode gefoltert wurde, lernen wir unser eigenes Leben verstehen.

Was ist die Aufgabe der Theologie im Kontext der ersten Welt[1]? Welche Rolle spielen die Christen

---

1   Die hier folgende Vorlesung habe ich zuerst am 7. Oktober 1977 in Paris bei der Verleihung des Ehrendoktors der Freien Fakultät für Protestantische Theologie gehalten. Der Text erschien in: *Junge Kirche* Eine Zeitschrift europäischer Christen, Februar 1978.

in den hochindustrialisierten reichen weißen Ländern im letzten Viertel des 20. Jahrhunderts? Wohin gehen wir, wohin sollen wir gehen?

Es gibt eine Geschichte im Neuen Testament, die für mich immer wichtiger geworden ist; es ist eine schreckliche Geschichte über unsere Klasse, über dich und mich, über unser Heute und vielleicht über unser Morgen. Ein reicher Jüngling kommt zu Jesus und fragt: »Was muß ich tun, um das ewige Leben zu gewinnen?« Er hat von Jugend auf nicht gestohlen, geraubt oder gemordet. Jesus mag ihn leiden und sagt zu ihm: »Eins fehlt dir, geh und verkaufe alles, was du hast, und gib es den Armen ... Komm und folge mir nach.« Als der junge Mann das hört, überschatten sich seine Züge, und er geht traurig davon (Markus 10,17–22). Eine schreckliche Geschichte über die Situation der Mittelklasse, zwischen den Unterdrückern und den Unterdrückten, eine Geschichte, die sich wiederholt hat. Ich denke an das Deutschland der frühen dreißiger Jahre, als viele früher mehr Liberale zu den Nazis übergingen aus Angst vor dem Kommunismus und als Hitler die Wahlen von 1933 mit der Unterstützung der damaligen christlichen Partei gewann. Ich denke auch an die chilenische Mittelklasse am Ende der Zeit Allendes, die Hausfrauen und die Lastwagenfahrer, die sich bestechen ließen und an ihren Privilegien festhalten wollten. Eine schreckliche Geschichte, die einen depressiv machen kann. Erzählt allerdings ist sie uns, damit wir unsere eigene Gegengeschichte finden.

Wie sähe die aus? Und wer hilft uns dabei? Welchen Sinn hat eine Theologie der Befreiung für die Bürger der ersten Welt? Unter Befreiungstheologie verstehe ich nicht nur die lateinamerikanische Theologie dieses Namens, sondern eine weltweite, von sehr verschiedenen Gruppen getragene Bewegung von Christen, die nicht mehr bereit sind, Theologie zur Rechtfertigung bestehenden Unrechts zu benutzen. Es ist eine Exodus-Theologie, die den Auszug aus dem jeweiligen Ägypten der Unterdrückung zum eigentlichen theologischen Thema macht. Erlösung wird verstanden als Befreiung, Christus ist der Befreier; der Aufbau einer Welt, in der Gerechtigkeit und darum auch Frieden möglich sein wird, ist die unvollendbare, aber auch unverzichtbare Arbeit am Reich Gottes. Ich kann hier nicht auf die Verzweigungen dieser genuinen Theologien eingehen, will aber versuchen, zu theologischen Aussagen für die Befreiung auch der weißen reichen Mittelklassen der ersten Welt zu kommen, indem ich die Frage stelle: Was bedeutet es, sein Kreuz auf sich zu nehmen? Ich gehe von den zahlreichen Stellen im Neuen Testament aus, die von der Übernahme des Kreuzes sprechen und sie zur Bedingung der Nachfolge machen. Ich zitiere aus der Übersetzung von Walter Jens[2].

> »Wer mir folgen will,
> nehme den Balken auf sich,
> an dem man ihn kreuzigen wird.
> Denn wer sein Leben behalten will,
> wird es verlieren,
> doch wer es um meinetwillen verliert,
> der wird es behalten« (Matthäus 16,24f.).

[2] Walter Jens, *Am Anfang der Stall – am Ende der Galgen: Jesus von Nazareth*, Kreuz Verlag, Stuttgart 1972.

An anderer Stelle desselben Evangeliums heißt es:

>»Wer Vater und Mutter
>mehr liebt als mich,
>gehört nicht zu mir.
>Wer nicht den Balken auf sich nimmt,
>an dem man ihn kreuzigen wird,
>gehört nicht zu mir« (Matthäus 10,38).

Oder, in der stärker paraphrasierenden Zinkschen Übersetzung[3], eine Stelle aus Markus:

>»Wenn jemand meinen Weg gehen will, denke er nicht an sich selbst und sehe von seinem eigenen Leben ab. Er nehme den Kreuzbalken, an den sie ihn hängen werden, auf seine Schulter und gehe hinter mir her. Wer nämlich sein Leben retten will, wird es dabei verlieren, wer aber sein Leben verliert, weil er zu mir gehört und weil er meiner Botschaft glaubt, wird das wahre Leben finden« (Markus 8,34f.).

Diese Sätze stammen mit großer Wahrscheinlichkeit aus der Zeit, in der Christen das Martyrium gewiß war. Es sind Gerichtsrufe, die aus der Zeit der Logienquelle stammen, bevor noch eines der vier Evangelien verfaßt worden war. Es handelt sich um radikale Forderungen, die reale Trennungen zwischen Menschen herbeiführen und sogar Familien auseinanderreißen. Menschen haben damals im Namen Jesu ihre Familien verlassen. Wenn die Familie sich nicht eindeutig für die Jesusbotschaft

---

3   *Das Neue Testament* übertragen von Jörg Zink, Kreuz Verlag, 8. Aufl., Stuttgart 1975.

entscheidet, müssen die Jesusnachfolger aus ihr wegziehen und den Staub von ihren Füßen schütteln (Matthäus 10,14). Der Ruf, das Kreuz auf sich zu nehmen, ist radikal.

Er sagt: Versucht nicht, euch an dem Schicksal, das euch blüht, wenn ihr mir folgt, vorbeizudrücken. Lukas hat dieses Logion durch den Zusatz »täglich« interpretiert. »Er nehme täglich sein Kreuz auf sich« (Lukas 9,2), das spiegelt eine andere Situation, in der der Alltag christlichen Lebens nicht mehr unter der Drohung des Martyriums steht.

Aber was besagt dieser »Balken, an den man euch hängen wird« – der Galgen, das Kreuz? Es ist eine spezielle Art der Hinrichtung der Antike, bei der der Tod erst nach oft tagelanger Folter eintritt. Das Kreuz hatten zu erwarten Menschen der sozial niedrigen Schichten – Sklaven, Abhängige, Landflüchtige. Für sie war das Kreuz geschaffen worden, ein Instrument der Machterhaltung für die Herrschenden. Es wurde aber auch als ein Mittel der Disziplinierung benutzt gegen höhere Schichten; politische Aufrührer wurden gekreuzigt. Wenn wir fragen, wer das Kreuz erwarten konnte und welche Menschen sich mit Jesu Ruf identifizieren konnten, so müssen wir historisch korrekt antworten: die Unterschicht, die auch heute die Gefängnisse füllt, die Leute, die aufrührerischer Gesinnungen, Worte oder Taten verdächtig waren, und ihnen gleichgestellt, zu ihnen gehörig, die Christen.

Das Kreuz ist ein politisches Instrument gewesen, ein Instrument der Unterdrückung. Was hat denn der politische Kampf mit dem Kreuz und dem

Glauben zu tun? Dazu muß ich etwas weiter ausholen. Wir leben in einer polarisierten, geteilten Gesellschaft. Es gibt extreme Ungleichheiten im Anteil an der gesamten Sozialproduktion, Ungleichheiten, gegen die die mittelalterlichen vom König zum Bettler winzig erscheinen. Materielle und politische Privilegien trennen die Besitzer der Produktionsmittel von der abhängigen Mehrheit. Ungleichheiten bestehen sowohl zwischen den entwickelten und den unterentwickelten Ländern, den unabhängigen und den abhängigen wirtschaftlichen Strukturen wie auch innerhalb der reichen Völker der Industrienationen. Die Ungleichheit von Vermögen, Einkommen und Macht begründet die Teilung in verschiedene Schichten. Eine Gesellschaft, die durch Klassenprivilegien bestimmt ist, bringt notwendigerweise Klassenkämpfe hervor. Man kann Herrschaft, die materielle Privilegien sichert, nicht ohne zu kämpfen aufrechterhalten. Der Kampf ist die natürliche Darstellung der Teilung, eine Tatsache des Lebens in einer Klassengesellschaft.

Wir haben dabei zwei Formen des Klassenkampfes zu unterscheiden, den Klassenkampf von oben und den von unten. Der Klassenkampf von oben ist unvermeidlich, weil man zwar kampflos in Knechtschaft oder Sklaverei leben kann, nicht aber in Herrschaft und Unterdrückung. Um Privilegien aufrechtzuerhalten, muß man auf der Hut sein, harte und weiche Formen des Kampfes entwickeln. Der unmittelbare wirtschaftliche Druck, zum Beispiel die Weigerung vieler Industrieller in der Bundesrepublik Deutschland, weiterhin Lehrlinge auszubilden, wenn man sie nicht gleichzeitig als billige Arbeitskraft benützen kann, und der vermittelte ideologische Druck, der zum Beispiel darin besteht, daß man Wörter wie Klassen oder Kampf nicht zuläßt, als staatsgefährdend oder terrorismuserzeugend verbietet, beide Methoden spielen Hand in Hand. Man kann Privilegien nicht ohne Herrschaft und Zwang aufrechterhalten. In diesem Sinn ist auch das Kreuz ein Mittel des Klassenkampfes von oben gewesen.

Der Klassenkampf von unten ist dagegen nichts weniger als selbstverständlich oder permanent. Die Unterklassen haben eine Entscheidung zu treffen, natürlicherweise tendieren sie zu politischer Apathie und Fatalismus: »Da kann man nix machen.« Auch hier sind harte und weiche Formen des Kampfes entwickelt worden, aber man sollte nicht vergessen, daß das wichtigste Kampfmittel der Arbeiterklasse ein gewaltfreies war, nämlich der Streik, den unbewaffnete Arbeiter gegen hochbewaffnete Polizei und Militäreinheiten, die im Dienst der Privilegierten standen, geführt haben. Wir müssen den Kampf als ein Faktum sehen lernen, angesichts dessen keine Neutralität möglich ist; die einzige Frage, die zählt, ist, auf welcher Seite du stehst.

Gerade die Neutralisierung ist aber das Ausweichmanöver der Klasse, zu der auch ich gehöre, der Mittelklasse. Objektivität und Unparteilichkeit sind Erziehungsziele, die wir internalisiert haben. Ein klares Bewußtsein aber, die Rolle, die Aufgabe und die Bedeutung der Mittelklasse fehlen. Menschen der Mittelklasse bleiben gern unentschieden und verstehen sich selber als über den Fronten stehend. Sie schwanken in ihren Sympathien und Bündnissen. Ein junger Pfarrer oder eine Lehrerin in einer armen Gegend wird sehr gemischte Gefühle haben. Auf der einen Seite erkennt sie die Nöte der Bevölkerung und mag sich mit ihrer Sache identifizieren. Auch die junge Lehrerin wünscht sich eine kleinere Schulklasse und bessere Ausstattung. Auf der anderen Seite ist sie dazu erzogen, alles von der mächtigen Bürokratie über ihr zu erwarten. Ist sie den Kindern verantwortlich oder der Behörde? In den meisten Fällen wird sie eine Entscheidung zu vermeiden versuchen oder nur halbherzig handeln. Eben das hat sie gelernt. Die primitive Frage: »Auf welcher Seite stehst du?« ist nicht beliebt. Das Schwanken der Mittelklasse hat ja auch eine sehr schöne Seite: die geistige Offenheit, die Lernfähigkeit, das noch nicht Festgelegte. Aber die Gefahr der Mittelklassensituation ist die des endlosen Schwankens.

Kierkegaard hat diesen Menschentyp unter dem Stichwort der »unendlichen Reflexion« kritisiert, über der ein Mensch unfähig wird, sich zu entscheiden und sich der Realität zu stellen. Die intellektuelle religiöse Neutralität, die die Entscheidung für oder gegen den Glauben fürchtet und hinauszögert, ist nicht so weit entfernt von der intellektuellen politischen Neutralität, bei der ein Intellektueller sich aus den Streitigkeiten, etwa an seiner Universität, in der Zeitung, für die er schreibt, herauszuhalten sucht. Religiöse und politische Neutralität sind zwei Aspekte derselben Haltung. Nachdenklichkeit, Zögern im Urteil, Skeptizismus werden durch eine bessere Erziehung häufig befördert. Kierkegaard hat diese Haltung vernichtend kritisiert: Die angeblich gehütete Freiheit und Nicht-Festgelegtheit schlägt in Unfreiheit um; Neutralität ist unmöglich; wer sich nicht entscheidet, hat sich schon entschieden.

Vielleicht stört es Sie, daß ich Politik und Religion ständig vermische. Sprehe ich denn von Kierkegaard oder vom Klassenkampf? Es wird mir und vielen anderen Christen immer unmöglicher, beides zu trennen. Ich kann mein Leben nicht mehr in diese Schubladen aufteilen. Ich weiß sicher, daß das Evangelium keine Neutralität, kein Sich-Heraushalten duldet. Man mag zögern, den Kampf Jesu gegen die einheimische herrschende Klasse der Sadduzäer und gegen die imperialistische Unterdrückung durch Rom als »Klassenkampf« zu bezeichnen, aber es ist kein Zweifel darüber möglich, auf welcher Seite er stand: auf der Seite der Armen, der religiös Ungebildeten und daher Verachteten wie die Frauen, bei den outcasts wie Huren und Zöllnern. Er rekrutierte Freunde im ländlichen Proletariat der Fischer. Das Ziel seines Kampfes, das Reich Gottes, war die Überwindung einer klassengeteilten Gesellschaft in eine, in der Brüderlichkeit und Schwesterlichkeit möglich sein werden. Der Ruf, sein Kreuz auf sich zu nehmen, ist der Ruf, sich dem Kampf anzuschließen. Ergreif Partei, brich die Neutralität, stell dich auf die Seite der Verdammten dieser Erde.

Diese Deutung des Rufes »Nimm dein Kreuz und folge mir« widerspricht natürlich einer bürgerlichen Auslegung. Als man mit dem Martyriumskreuz der alten Kirche nichts mehr anfangen konnte, hat man das Kreuz spiritualisiert und veralltäglicht, wie schon bei Lukas ablesbar. Sein Kreuz auf sich nehmen wurde gedeutet als sich selber verleugnen, den eigenen Wünschen nicht nachgeben. Daß es sich beim Kreuz um ein Folterwerkzeug im Klassenkampf von oben handelt, schien vergessen. In der Theologie der Bourgeoisie ist das Kreuz auf das persönliche Leben und Ergehen verengt, zum Beispiel eine lebenslange Krankheit, eine unglückliche Ehe, ein ungeliebter Beruf werden als die Kreuze angesehen, die Menschen auf sich nehmen sollen. Halt aus, was nicht geändert werden kann, ertrag es in Geduld, nimm an, was dir auferlegt ist. Ich kann nicht sehr viel biblischen Grund in dieser herrschenden Exegese finden, vor allem wenn sie Männer und Frauen nicht in der Mitte ihres aktiven Lebens anspricht, sondern ausschließlich in Grenzsituationen. Auch verfälscht sie den Entscheidungsakt, das Kreuzholz anzufassen und zu nehmen, in einen bloß antwortenden Akt der Annahme dessen, was bereits auf dem Rücken des so Aufgeforderten liegt. Hat Jesus uns denn zum Aushalten ermahnt und nicht in den Kampf geschickt? Ist »Ergib dich deinem Schicksal!« dasselbe wie »Nimm dein Kreuz und folge mir«?

Wenn wir die bürgerliche Theologie verlassen, dann müssen wir das individualistische Rahmenwerk, innerhalb dessen sie arbeitet, aufgeben. Individualismus als die tiefste und letzte Kategorie ist in bürgerlicher Theologie vorausgesetzt. Letzten Endes, so höre ich oft von gebildeten Protestanten, unabhängig davon, ob sie »noch« oder »nicht mehr« in der Kirche stehen, letzten Endes, sagen sie, ist jeder mit seinem Gott allein. Das Kreuz wird dann gesehen als der Schrei der Einsamkeit, als das Leiden am Leben, an Schuld, Endlichkeit und Tod. Aber so wird das Kreuz seiner politischen Dimension beraubt.

Eine neue Interpretation, die Kreuz und politischen Kampf zusammendenkt, setzt bei der aktiven bewußten Entscheidung eines Lebens für die Armen und Unterdrückten an. Auch Jesus hat mit dem Kreuz nicht einfach ein Schicksal auf sich genommen, das er annehmen und ertragen mußte. Es war sein freier Wille, seines Vaters Haus zu verlassen. Es war seine Entscheidung, Galiläa, wo seine Basis zweifellos stärker war, zu verlassen, und schließlich lief er frei in seine eigene Katastrophe, die wir das Kreuz nennen, nicht anders als Tausende von organisierten Arbeitern, die auch zu Hause ein friedlicheres und ruhiges Leben hätten führen können.

Ich möchte drei Dimensionen dessen, was es bedeutet, sein Kreuz auf sich zu nehmen, entwickeln. Es heißt:
– die Neutralität zu brechen,
– die Unsichtbaren sichtbar zu machen,
– eine Vision zu teilen.

Es ist Entscheidung, Mitleiden (compassion) und Vision. Der erste Schritt ist der Bruch mit der uns anerzogenen Neutralität. Um noch einmal die Sprache des Exodussymbols zu gebrauchen: Neutralität kommt aus Ägypten. Es ist Pharao, der uns lehrt, neutral, nicht einseitig, die technologischen Gegebenheiten respektierend, zu denken. Natürlich hat Pharao nicht vollständig unrecht, aber seine

Sicht stammt aus der gegebenen Kultur des Unrechts, und sein Ziel ist, dieses Unrecht zu mildern, ohne das System zu ändern. Die Sicht Christi dagegen ist extremistisch und einseitig, weil seine Sicht in einer gegebenen Situation immer die der Opfer ist. Christus sieht die Welt mit den Augen der Geopferten, und genau diese Einseitigkeit hat ihn ans Kreuz geführt. »Nimm dein Kreuz und folge mir« heißt: Schließ dich dem Kampf an. Brich die Neutralität. Verlasse die schwankende Position zwischen der alten und der neuen Welt. Wofür kämpfte Jesus denn eigentlich? Warum konnte er nicht friedlich zu Hause in Nazareth bleiben? Warum hat er die Rollenerwartungen seiner Zeit nicht einfach erfüllt: Gehorsam dem Gesetz gegenüber, Pietät für die Toten, Loyalität der Familie gegenüber und die Verehrung eines Gottes, der für den Rest sorgt? Warum war das nicht genug für ihn?

Jesus muß diese Rollenerwartung, die ihm begegnete, diese Form von Leben als eine Art Tod empfunden haben, als ein Abgeschnittensein von der Transzendenz. Gegen diesen Tod, den Mittelklassentod eines geordneten Lebens in einer netten Villa, hat er Widerstand organisiert. Sein Gott, weit entfernt davon, der zu sein, der in einer prinzipiell schön geordneten Welt für Rest- und Randprobleme zuständig ist, trat für das Leben derer ein, denen Leben, Sattwerden, Arbeiten, Sich-entwickeln-Können und Lernen verweigert wurde. »Hungrige hat er mit Speisen gefüllt und die Reichen leer hinweggeschickt« (Lukas 1,53). Jesus hat sein Leben nicht in der simplen Erwartung gelebt, daß diese Wunder, von denen das Magnifikat spricht, eines Tages durch eine supranaturale Macht vollbracht werden – das wäre Mythologie im schlechten Sinne des Wortes, Vergegenständlichung und Verdinglichung des Lebens. Jesus verstand sich selber und handelte als ein Teil der Kraft, die diese tiefsten Intentionen der Geschichte auf Befreiung hin vollzieht. Sein Kampf ging darum, diese Hoffnungen real werden zu lassen in seiner Zeit.

Christus hat den Ausgebeuteten nicht Unterwürfigkeit und Ergebung gepredigt. Er brachte nicht den Frieden der drei asiatischen Affen, die ihre Augen, ihre Ohren und ihren Mund schließen, um nichts gehört und nichts gesehen zu haben, damit sie nicht sprechen müssen und die Schreie der Unterdrückten und Gefolterten nicht wiederholen müssen. Christus ist nicht gekommen, den Frieden zu bringen, sondern das Schwert (Matthäus 10,34), wie es im Zusammenhang des Rufs zur Aufnahme des Kreuzes heißt. Er brachte nicht den Kissinger-Frieden, in dem die herrschende Ungerechtigkeit durch Polizeigewalt garantiert wird. Es ist kein Frieden möglich zwischen den Verhungernden und den Überfressenen. Die Abwesenheit von Krieg, die wir normalerweise Frieden nennen, braucht die gewalttätigen und brutalen Formen der Unterdrückung. Diese Rede vom Schwert, von der zu brechenden Neutralität des Schweigens, vom Ruf Christi, das Kreuz zu nehmen, ist nicht abstrakt. Sie werden wissen, was ich meine. Ich denke an alle die, die Neutralität gebrochen und die aufgehört haben, die Werte der Mittelklasse – Neutralität, Überparteilichkeit, Distanz, Individualismus – für die höchsten zu halten. Ich denke an die, die die Verletzung der menschlichen Würde am Menschen neben ihnen nicht mehr ertragen haben. Ich denke an die, deren Schicksal uns unbekannt ist. Laßt uns niemals vergessen, daß sie in Christus sind, weil sie sein Kreuz angefaßt haben und es tragen. »Wer sein Leben verliert, der wird es finden.«

Die Menschlichkeit dieses Kampfes kommt aus einem umfassenden Mitleiden. Die Opfer in einer gegebenen Situation zu sehen bedeutet, die Unsichtbaren sichtbar zu machen. In unserer Gesellschaft, ich spreche wieder über die Bundesrepublik, werden Leute unsichtbar, Personen werden Nonpersonen mit Hilfe der wirtschaftlichen, sozialen und politischen Strukturen, die ausbeuterisch und verhüllend zur selben Zeit sind. Leute, die Aktien in Unternehmen in Südafrika haben, wissen meist gar nicht, daß ihr Geld mithilft, die Profite und die Säuglingssterblichkeit hoch zu halten. Leute, die outspan-Apfelsinen essen oder Diamanten kaufen, riechen nicht, daß Blut an diesen Dingen klebt, das Blut der ermordeten Schulkinder in Soweto. Zur Kultur der Ungerechtigkeit gehört das Unsichtbarmachen der Opfer.

Unsichtbar in diesem Sinne waren zur Zeit Jesu diejenigen, die das Gesetz nicht kannten und arm waren, mit allen Folgen wie Schuldhaft, Verkauf der Familie, Fronarbeit. Jesus kämpfte gegen eine Ordnung, die das Leben und die Gesundheit dieser Menschen geringer veranschlagte als die Erhaltung der Ordnung, wie sie zum Beispiel in den Sabbatgesetzen vorlag. Er relativierte die natürlichen Bindungen, er kritisierte Familie und Pietät. Was ist das Begräbnis eines Vaters gegenüber dem Kampf für das Reich Gottes! Eine neue Brüderlichkeit ersetzte die alten Familienbeziehungen, die so oft dazu benutzt werden, die Unsichtbaren, die außerhalb des Cláns sind, unsichtbar zu lassen. »Wer ist meine Mutter? Wer sind meine Brüder?« fragte Jesus, und er zählte zu seiner Familie, die an seinem Kampf, an seiner Provokation teilhatten (Markus 3,35). Seine Freunde gehörten zu der unwissenden analphabetischen Masse.

Ich benutze das Wort »Kampf« für Jesus und seine Tätigkeit nicht, um bewaffnete Gewalt anzusprechen. Es gibt sehr verschiedene Formen des Kampfes, und der individuelle Terror einiger Ultras, wie wir ihn vor einigen Jahren in der Bundesrepublik erlebten, hat mit dem Kampf, der Jesus ans Kreuz brachte, in Ziel und Methode nicht das geringste zu tun. Ich benutze das Wort, um die Militanz Jesu deutlich zu machen, wie sie von seinen Gegnern empfunden worden ist. Und um Jesus zu verstehen, müssen wir uns zunächst auf der Seite seiner potentiellen Gegner einordnen. Als Deutsche bin ich Angehörige einer der reichsten und bestaufgerüsteten Nationen in einer Welt voll Verhungernder. Das Sichtbarmachen der Unsichtbaren, der Totgeschwiegenen gehört in den weiterführenden Prozeß der Offenbarung hinein. »Niemand hat Gott je gesehen; wenn wir einander lieben, bleibt Gott in uns, und seine Liebe ist in uns vollendet« (1. Johannes 4,12). Auf diese Weise wird das, was zuvor unsichtbar war, sichtbar.

Damit bin ich bei der dritten Dimension des Kreuzes, der geteilten Vision. Es ist nicht genug, einen individuellen Traum vom besseren Leben zu haben, wir brauchen einen mitgeteilten Traum. Wir brauchen die Erinnerung an die schon gewonnenen Siege, nur so – gegen die totale Geschichtsvergessenheit, die den späten Kapitalismus begleitet – leben wir aus den Wurzeln in der Geschichte. Die Opfer früherer Zeiten sind mit uns, und ihre ungehörten Schreie warten immer noch auf Antwort. Niemand ist vergessen, und keine Träne ist umsonst geweint. Das christliche Verständnis von Geschichte kennt ein Ziel, eine Vision, die sicher nicht einfach identisch ist mit der sozialistischen Vision einer klassenlosen Gesellschaft, die aber unter keinen Umständen weniger bedeuten kann als eine herrschaftsfreie Gesellschaft. Ohne diese geteilte Vision wäre es unmöglich, das Kreuz aufzunehmen, es ist diese Vision, die unsere Stärke ist. Ich spreche hier für alle diejenigen, die jetzt in diesem Augenblick gefoltert werden oder im Gefängnis auf das nächste Verhör warten, die wachsende Anzahl von Priestern und Nonnen, von Christen und solchen, die längst keine Heimat mehr in den Kirchen finden, die dem Ruf Jesu gefolgt sind, den Balken auf sich genommen haben, an dem man sie kreuzigen wird. Wenn es irgendwo Hoffnung für die Kirchen gibt, dann ist sie in diesen Menschen verkörpert. Ich spreche, weil ich es wichtig finde, daß wir jetzt an sie denken, weil ich glaube, daß unser Andenken, das wir auch Beten nennen können, ihnen hilft und sie trägt auch in die Finsternisse hinein, über die wir nur schweigen können.

Dieses Wissen, dieses Andenken hilft aber auch uns in unseren vielleicht weniger dramatischen

Kämpfen. Die kleine Gruppe, die Basisgemeinde, die Zelle, die ein Stück weit den Weg Jesu mitgeht, braucht das Wissen, nicht allein zu sein. Jesus sagt: »Ich und der Vater sind eins« (Johannes 10,30). Wir sollten aufhören, diese Worte in einem exklusiven christologischen Sinn zu hören. Sie sprechen über die tiefe Stärke, die uns im Kampf zufällt, die Erfahrung des Ganzseins und die Wiedervereinigung mit der Menschheit und ihren realen Hoffnungen. Wir waren abgeschnitten, wir lebten hinter der Mauer der Apartheid, die aus Wohlstand und Verblendung gebaut ist, aber nun können wir sehen. Wir waren getrennt von unseren Brüdern und Schwestern, die hungern und dürsten nach Gerechtigkeit, aber nun sind wir wiedervereinigt, indem wir für sie und an ihrer Seite kämpfen. Wir waren individualisiert, in den ästhetischen Feinheiten der bürgerlichen Musik und Poesie versunken, aber nun sind wir frei, die Stärkung, die aus der Schönheit kommt, mit anderen zu teilen. Was nicht geteilt werden kann, ist nicht wert, besessen zu werden. So wird der Reichtum unserer Kultur neu aktualisiert. So transzendieren wir die Grenzen unserer individuellen Stärke, die so schnell aufgebraucht ist, und die Grenzen unserer kurzen Lebenszeit. Wir brauchen mehr Hoffnung, als wir aktuell haben, und weiß Gott mehr Liebe als die, die wir gegenwärtig nehmen und geben. Es ist uns keine andere Transzendenz versprochen als die, die sich im Kreuz ereignet.

Ich möchte mit einem amerikanischen Gesangbuchlied schließen, einem Zeugnis der Frömmigkeit aus dem Anfang des 18. Jahrhunderts, das in sehr einfachen Worten eine christliche Grunderfahrung nennt. Wie individualistisch die auch immer gemeint war, als Christen haben wir die Freiheit und das Recht, als Co-Autoren der Tradition aufzutreten und den alten Text uns anzueignen:

> At the cross, at the cross
> where I first saw the light
> and the burden of my heart rolled away
> it was there by faith
> I received my light
> and now I am happy all the day.

Es ist am Kreuz, wo wir das Licht zuerst sehen, nicht wenn wir geboren werden oder wenn wir das Meer oder die Sterne zum ersten Mal anschauen. Es ist am Kreuz, in der Mitte des Kampfes, wo wir das Licht erfahren und frei von unseren Ängsten werden. Die Last der Sünde, unsere Machtlosigkeit in der Entfremdung rollt von unserem Herzen; dort am Kreuz, wo Liebe gegen Gewalt kämpft, empfangen wir die Perspektive für unser Leben. Wir lernen uns als Kämpfende und als Leidende anzunehmen, das Licht ist bei uns.

4. Christus – die Würde des Menschen

Diese Vorlesung handelt von der beleidigten Würde des Menschen und ihrer Wiederherstellung in Christus. Ich will den Weg, den wir bis hierher gegangen sind, noch einmal skizzieren.

Glauben bedeutet für uns, in einer objektiv zynischen Situation den Zynismus bekämpfen. Glaube hat eine militante Kraft, die im Kampf gegen den objektiven Zynismus wächst. Solange wir die Entfremdung ertragen, reproduzieren wir sie und geben sie an andere weiter. In diesem Sinn an der Entfremdung teilzuhaben bedeutet, unter der Sünde zu leben. Was wir brauchen, ist Erkenntnis der Sünde, nämlich der Zerstörung unseres Verhältnisses zur Natur, dem Nächsten und uns selber. Die Erkenntnis der Sünde ist Reue und Konversion. Aber nur wenn wir uns dem Leiden und dem Kampf aussetzen, kommen wir zur Umkehr. Darum ist das Kreuz und die Teilhabe am Kampf um Gerechtigkeit der Ort, an dem Christen sehend werden. So bedeutet »Stärke unseren Glauben« so viel wie »Laß uns nicht in Zynismus versinken«, so ist die Bitte um Erkenntnis der eigenen Situation eine Bitte um Bewußtheit über das eigene Leben. Wenn Christen miteinander das Kreuz meditieren, so liegt ihr Interesse nicht an einem betrachtenden Genießen dessen, was Christus alles für uns getan habe, sondern an der Teilhabe, an Identifikation. Laßt uns das Kreuz wählen, den Kampf. Der Imperativ für heute lautet: Seht, was Christus gibt: die Würde des Menschen. Ich will wieder von der Situation in der ersten Welt ausgehen und etwas über die spezifische Zerstörung der menschlichen Würde im Konsumismus zu sagen versuchen.

Pier Paolo Pasolini bemerkt über die unerbittliche Repression, die die Kultur des Konsumierens den Menschen mit sanfter Gewalt antut, folgendes[1]: »Tatsächlich gibt es nichts Religiöses mehr in dem vom Fernsehen propagierten und verordneten Idealbild des jungen Mannes und der jungen Frau. Sie sind einfach zwei Personen, deren Leben sich nur noch über Konsumgüter verwirklicht.«

1 P. P. Pasolini, *Freibeuterschriften*. Die Zerstörung der Kultur des Einzelnen durch die Konsumgesellschaft, Verlag Klaus Wagenbach, Berlin 1978, S. 30.

Was bedeutet die Aussage »nichts Religiöses mehr«? War denn zuvor das Idealbild eines jungen Paares von einer anderen Aura umgeben? Waren da andere Inhalte im Spiel? War da mehr an Glück versprochen als das, miteinander zu konsumieren? Der Verlust an Expressivität ist ein Abgeschnittensein von jeder Form des Transzendierens. Das junge Paar, dessen Leben sich im Konsumieren ausdrückt, hat gemäß der herrschenden Fernsehprogrammatik nicht einmal mehr das Bedürfnis nach einer Sprache, die den eigenen Schmerz und die eigenen Wünsche formulierte. Das Leben selber steht gar nicht auf dem Spiel, es ist in der Tat nur so viel wert, wie man und solange man kaufen kann. »Diese leeren Schaufenster, diese Farblosigkeit, da ist das Leben doch nichts wert«, so hört man es von amerikanischen Touristen, die Ostblockländer besuchen. Der consumismo wird von Pasolini als neuer Faschismus bezeichnet, weil er sanft, ohne physische Gewaltanwendung, einfach mit seinen neuen Informations- und Kommunikationsmitteln alle humanistischen Werte zerstört. Wenn das Zeitalter des Brotes vorbei ist, welchen Sinn soll es dann noch haben, Brot und Wein miteinander zu teilen? »Es ist klar, daß überflüssige Güter das Leben überflüssig machen.«[2]

Der junge Mann und die junge Frau im Fernsehen, denen nichts Religiöses mehr anhaftet, sind gnadenlos: Sie brauchen keine Gnade, sie erwarten keine, niemand kommt auf den Gedanken, »Gott sei ihnen gnädig« zu sagen, wenn er sie ansieht.

---

2   P. P. Pasolini, a.a.O., S. 46.

Eben dies war das Versprechen, die Hoffnung, der Wunsch, der mit dem Paar in unserer Kultur auftauchte. Eine Aura von zerbrechlichem Glück war um diese jungen Menschen und machte sie »rührend«, wie die Sprache noch sagen konnte. Dem heutigen TV-Vorbild kann man noch nicht einmal mehr »masel tov« wünschen. Wozu denn? Was sie erwarten, können sie doch kaufen. So gefriert einem der Wunsch auf den Lippen, und die eisige Kälte all der von Sehnsucht frei gewordenen Beziehungen strahlt von den Fernsehschirmen in jedes Wohnzimmer.

Glück ist innerhalb der Kultur des consumismo definiert als Haben, nicht als Sein. Dieses Haben durchläuft verschiedene Phasen und Stile zwischen dem »stillen Genießer« und dem zupackenden Helden. Im Europa des Übergangs zum consumismo kann man beobachten, wie die älteren Werte der bürgerlichen Kultur außer Kraft gesetzt werden: Sparsamkeit, Familienleben, Altruismus werden durch die Werbung systematisch unterminiert. »Sie dürfen sich auch mal was gönnen«, heißt es zum Beispiel. Der Adressat der Werbung ist heute weniger der anale Sammler als der genitale Eroberer. Er wird zum Hauptmodell. Glück ist nicht Sammeln und Verzehren, sondern Inbesitznahme, Besetzen von etwas, das zuvor von anderen besetzt und besessen war. Nicht mehr die Ware, sondern das Verkaufsgeschehen selber steht im Mittelpunkt der Werbung, es wird lustvoll besetzt. Immer unverständlicher wird dabei jenes Hauptmoment, mit dessen Hilfe die religiöse Tradition das Glück zu beschreiben versuchte als Erfahrung von Gnade.

Gnade ist ein Konzept, das die Tiefe unseres möglichen Glücks beschreibt. Wenn ich in existentieller Unbedingtheit das Leben wähle, wenn Integration und Dezision zusammenkommen, wenn ich eingewilligt habe in das große Ja und eingeübt werde in den Kampf gegen den Zynismus, dann mache ich eine Erfahrung, die allem wirklichen Glück zugrunde liegt, soweit es innerhalb der uns überkommenen Kultur sprachfähig geworden ist. Ich bemerke, daß es nicht meine Leistung war, die mich in diesen Zustand gebracht hat, der die Ziele meiner eigenen Wünsche überhaupt erst freisetzt. Ich verfüge nicht über mein Ja, ich bin nicht der Boß, und ich vergesse, daß ich es werden wollte. »Unverfügbarkeit« ist eine Kategorie der Existenzphilosophie, die sich nicht ohne Schaden vergißt. Jedes wirkliche Ja ist antwortend, ist responsiv, und dieser responsive Charakter gehört zur Erfahrung von Glück überhaupt. Glück ist, jemandem oder einer Situation zu ent-sprechen, nicht einfach zu sprechen. Es ist Integration in das Spiel von Nehmen und Geben und nicht bloßes Nehmen, Bekommen, Sich-Aneignen oder reines Handeln, Machen oder Geben. Es ist Gnade, und je mehr Gnade in einem Glück erfahren wird, desto tiefer ist es.

Woher ich das weiß, fragt sich vielleicht ein jüngerer, von der religiösen Tradition unberührter Zuhörer. Die Grenzen meiner Sprache, würde ich antworten, sind die Grenzen meiner Welt. Der Reichtum meiner Sprache ist der Reichtum, den ich erfahren kann. Die Tradition, in der ich stehe, hat mir eine Sprache geschenkt, die meine eigene Erfahrung interpretiert, klärt, durchsichtig macht und bereichert. Eines ihrer Wörter, Gnade, enthält eine Konzeption von Glück, die mir verlockender erschien, als was mir sonst angeboten wurde. Ich fand da meine Wunschfähigkeit respektiert, meine Ängste bearbeitet, mein Bedürfnis nach Sinn unendlich ernst genommen. Meine Glücksfähigkeit wuchs mit meiner Sprachfähigkeit (übrigens auch meine Schmerzfähigkeit, aber die gehört in meiner Tradition unter das Stichwort Reue). Darum empfinde ich den Konsumismus als Angriff auf meine Menschenwürde und halte das von Pasolini gebrauchte Wort »Völkermord« für das, was täglich im Konsumismus geschieht, nicht für übertrieben.

Der consumismo stellt einen Angriff auf die menschliche Würde dar, wie er innerhalb der Menschheitsgeschichte, die ökonomisch vom Mangel und Kampf ums Überleben bestimmt war, einmalig ist. Ich möchte nicht, daß Sie den Eindruck haben, als handele es sich bei diesen Fragen um Luxusprobleme von Leuten, die sonst keine Sorgen haben. Die menschliche Würde kann auf verschiedene Weise beleidigt werden. Wenn wir sagen, daß es Christus ist, der als eine arme Frau mit ihren Kindern am Rand des Elendsviertels steht und die Abfälle durchwühlt, so können wir auch sagen, daß es Christus ist, der in der Psychose schreit und sich das Gesicht zerkratzt, bevor sie ihn in eine chemische Zwangsjacke stecken und ruhigspritzen. Die Würde des Menschen ist unteilbar, das war vielleicht in keiner Zeit so deutlich wie heute in einer globalen Kultur der Abhängigkeit. Es besteht ein tiefer Zusammenhang zwischen dem Unrecht, das die Bürger der ersten Welt durch Zollgesetze, internationale Arbeitsteilung und Manipulationen des Weltmarkts begehen, und dem eigenen psychischen Elend der sogenannten ersten Welt. Das materielle Elend der dritten Welt und das psychische Elend der ersten Welt hängen zusammen: ökonomisch, politisch, ökologisch, aber auch kulturell und psychologisch. Es ist eine theologische Aufgabe unserer Zeit, diesen Zusammenhang herzustellen, sichtbar zu machen. Es ist der gleiche Krebs, an dem wir erkrankt sind. An beiden Orten wird die Würde des Menschen beleidigt, wenn auch in verschiedenen Formen. Und in beiden Weltgegenden beobachten wir, wie Christus die beleidigte Würde des Menschen wiederherstellt und Menschen, die bisher nur passive Opfer dessen waren, was ihnen angetan wurde, wieder handelns- und leidensfähig macht.

Die Kultur des consumismo bringt mit sich eine fast vollständige Zerstörung der Sprache, in der Menschen miteinander kommunizieren konnten. Wirkliche Kommunikation kann ja nur dort stattfinden, wo Menschen ihre Bedürfnisse und Wünsche ausdrücken können. Genau an diesem Punkt setzt aber die tiefste Sprachzerstörung an, sie manipuliert unsere Bedürfnisse. In der Tauschgesellschaft hat bekanntlich jedes Ding seinen Preis, und jedes Bedürfnis hat sein materielles Substrat. Es gibt keine Sprache mehr, um über Sinn, Glauben, Kampf glaubhaft miteinander zu kommunizieren, weil alle unsere wesentlichen oder existentiellen Bedürfnisse totgeschwiegen oder manipulativ ausgetauscht werden. »Haben« ersetzt in unserer Kultur das »Sein«. In einer Zeitung las ich Reklame für einen Heizofen, die mit den Worten begann:

»Wärme für ein ganzes Leben«. Die angesprochenen Käufer waren arme und ältere Leute, deren elementares Bedürfnis in der Tat nach Wärme geht. Sie werden aber, und so verfährt die gesamte Werbung, um die Erfüllung des Bedürfnisses betrogen, indem etwas anderes untergeschoben wird. Unsere Bedürfnisse, zu *sein*, miteinander zu sein, zu kommunizieren, Solidarität und menschliche Wärme zu erfahren, werden erst angekitzelt und dann umfunktioniert in solche Bedürfnisse, die durch Haben und Kaufen befriedigt werden können. Unser Wunsch nach Anders-Sein, nach Neuwerden, nach Vergewisserung des Sinns wird manipuliert in einen Wunsch, die Objekte des Konsums zu wechseln, etwas anderes in Besitz zu nehmen, sich zu bestätigen und zu messen an dem, was wir haben. Diese Manipulation des Bewußtseins, diese Erziehung zur Zerstörung der eigenen Wünsche geschieht heute nicht mehr durch mächtige Hierarchien in Kirche und Religion, sondern in Produktion und Werbung. Consumismo ist die neue Religion.

Ein Siebzehnjähriger erzählte mir, wie er nach mehreren Versuchen seinen Vater zu einem Gespräch mit ihm bereit gemacht habe. Als der Vater endlich etwas Zeit für den Sohn übrig hatte, eröffnete er das Gespräch mit der Bemerkung: »Na, wieviel soll's denn sein?« Etwas anderes war für den Vater unvorstellbar. Der Sohn verließ das Zimmer und kurz danach das Haus.

Die Würde des Menschen ist überall da angetastet, wo wesentliche Bedürfnisse von Menschen negiert werden. Die Dimension des Sinnes gehört ebenso eigentümlich zum menschlichen Leben wie die Dimension des Raumes zu Sternen und Steinen. Das Sinnbedürfnis ist nicht weniger elementar als die materiellen Bedürfnisse nach Nahrung und Obdach, die wir mit anderen Lebewesen gemein haben. Die Sprache, in der ich am besten über den Sinn meines Lebens reden kann, ist die Sprache des Glaubens, die christliche Sprache. Sie hilft mir, meine Hoffnungen zu artikulieren; die Erfahrungen, die mit dieser Sprache gemacht worden sind und in ihr überliefert wurden, ermutigen mich und helfen mir, meine Glaubenslosigkeit, meine Frustration, meinen subjektiven Zynismus zu überwinden. Ich erfahre die Würde meines Menschseins in Christus artikuliert.

Was bedeutet dieses »in Christus«? Warum bin ich Christ[3]? Es ist ja nicht einfach eine Realitätsbeschreibung, ich »bin« Christ nicht wie ich weiß oder deutsch oder Mutter bin, ich »bin« heißt hier so viel wie ich versuche, ich lebe darauf hin, ich werde. »Lord, I want to be a Christian, in my heart«, wie es in einem Spiritual heißt. Ich nenne mich nach einem Menschen, der vor 2000 Jahren zu Tode gefoltert wurde und der nicht umzubringen war. Ich identifiziere mich mit ihm. Ich traue seiner Wahrheit mehr als anderen Stücken von Wahrheit, die ich zu Gesicht bekommen habe, und sicher mehr als meiner eigenen. Ich »identifiziere« mich, das bedeutet: Ich kann meine Identität nicht beschrei-

---

[3] Von hier ab folgt der Text des Kapitels, abgesehen von wenigen Zusätzen, meinem Beitrag »Christ bin ich wegen Christus« in dem Sammelband *Warum ich Christ bin,* herausgegeben von Walter Jens, Kindler Verlag, München 1979.

ben, ohne über ihn zu reden. Ich, nur als weiß, deutsch, Mutter, Lehrerin, Schriftsteller oder was sonst noch alles – das wäre mir zu wenig, weil es diese Identifikation verschwiege, diese spezifische Auslegung dessen, was es heißt, ein Mensch zu werden. Wenn ich vermeide, über das Christsein zu sprechen, dann gerate ich in Gefahr, nur zu sagen, was ist – und gerade das ist zu wenig. Zu meiner Identität gehört mehr als mein individuelles Dasein, ja die »ist«-Beschreibung ist ein Gefängnis, das man verlassen muß. Transzendenz ist ein notwendiger täglicher Akt. Ich höre nicht da auf, wo meine Arme enden, so wie ich nicht erst da anfange, wo ich geboren wurde. Nur transzendierend sind wir lebendig. Das bedeutet, daß wir lernen können, die alltäglichen Akte des Transzendierens wahrzunehmen, daß wir aufmerksam werden auf die Bewegungen, in denen sich das menschliche Leben herstellt, auf die Augenblicke, in denen das Gesicht eines Menschen zum Gesicht eines Menschen wird. Das bedeutet auch, daß wir aufmerksam werden auf die materiellen und geistigen Bedingungen, in denen Menschen das Lebendigsein weggenommen wird, in denen sie von der Transzendenz abgeschnitten werden: durch Hunger und Elend, das alle Kräfte auf das Überleben richtet, so daß fürs Leben nichts mehr übrig bleibt, durch die Situation entfremdeter Arbeit in einem sinnlosen Leerlauf, durch das Existieren im consumismo, in dem unser Leben und Sein sich nur als Bekommen und Haben ausdrückt. Die Würde des Menschen ist die Fähigkeit zu überschreiten, was ist.

Christus lädt uns ein, an diesem Geheimnis

teilzunehmen. Er stellt in uns eben diese Potenz wieder her. Wir sind Menschen, sagt er. Nicht Maschinen, nicht bloße Produzenten des Bruttosozialprodukts, nicht Agenten einer zum goldenen Kalb gemachten »nationalen Sicherheit«, nicht machtlos den Systemzwängen Unterworfene. Wir sind vielmehr transzendenzfähig, weil wir mit anderen verbunden leben. Es gibt eine Einheit des Lebens, des menschlichen Lebens, das jeder von uns hat, mit der Transzendenz, das ist eine Grundaussage christlicher Anthropologie. Ich bin verbunden mit, ich gehöre zu, also bin ich. Alle anderen möglichen Begründungen meines Daseins, wie die cartesianische (ich denke, also bin ich) oder die von Albert Camus (ich revoltiere, also bin ich), setzen mir zu spät an. Nur weil ich verbunden bin mit allen in Christus, darum hat es Sinn zu denken und darum bin ich genötigt, Widerstand zu leisten.

Christ bin ich wegen Christus. Ich will versuchen, diesen Satz in seinen Voraussetzungen und seinem Inhalt zu entfalten. In ihm steckt eine Voraussetzung philosophischer Art, die das Realitätsverständnis betrifft. Real sein heißt bezogen sein, in Beziehungen leben, in, von und auf Beziehungen hin leben. Je mehr Beziehung, desto mehr Realität, je weniger Beziehung, desto mehr Tod. Diese Beziehungshaftigkeit bedeutet, daß wir immer schon mit, von und unter »Bildern« leben, unter früheren oder von anderen überlieferten Bildgestalten des Lebens. Ich kann mir nicht vorstellen, wie man ein Mensch werden kann ohne Bilder, Vorbilder, Gestalten und Stimmen, die zu mir sprechen. Bilder haben, Bilder in sich tragen, sich von Bildern ziehen lassen ist ein Teil des Vorgangs, den wir im Deutschen mit einem ebenso mißbrauchten wie unersetzlichen Wort »Bildung« nennen. Ich werde gebildet, indem ich in Beziehungen lebe und Bilder aufnehme, die mich formen und ändern. Eine bilderfreie Existenz, von der manche aus Angst vor Ideologien träumen, scheint mir unmöglich; die Illusion, bilderfrei leben zu können, ist gefährlich, weil sie die reale Macht der Bilder übersieht. Hier gilt die alte theologische Erkenntnis, daß, wo Gott nicht ist, nicht etwa nichts ist, sondern Götzen ihr Unwesen treiben. Der Wissenschaftsfetischismus, also die Illusion, ohne Bilder leben zu können, bereitet den Raum für die Götzen vor. In diesem Sinne gibt es gar kein Leben, das religionsfrei wäre, weil es kein bilderloses Leben, kein entwurffreies Leben gibt. Wir sind immer schon in Beziehungen, die uns prägen und fordern, wir leben immer schon mit und unter Bildern, die uns trösten und Sinn zusprechen. Die Frage, die zählt, ist nur, welche Forderungen, welchen Trost und welche Versprechen uns die Bilder anbieten.

Es ist nicht einfach, in einer verkopften Kultur die Notwendigkeit und die Produktivität der Bilder auszusprechen. Mir fällt eine Stelle bei Jerome D. Salinger ein, in der ein »Bild« im hier gemeinten Sinn entsteht. Das Bild heißt »Die dicke Frau«. Seymour, der ältere Bruder, erklärt seinen Geschwistern, die bei der Rundfunksendung »Das kluge Kind« mitmachen, sie sollten für »Die dicke Frau« komisch sein oder sich die Schuhe putzen. »Er hat mir nie gesagt, wer ›Die dicke Frau‹ ist, aber jedesmal, wenn ich wieder zum Rundfunk ging, putzte ich mir die Schuhe für ›Die dicke Frau‹, die ganzen Jahre hindurch, in denen du und ich zusammen auftraten, falls du dich erinnerst. Ich glaube, ich versäumte es nur selten, und so entstand in meinem Gehirn eine schrecklich klare Vorstellung von ›Der dicken Frau‹. Ich hatte sie den ganzen Tag hier auf der Terrasse sitzen, sie schlug mit der Klatsche nach den Fliegen und hatte von früh bis spät in die Nacht das Radio auf volle Lautstärke gedreht. Ich stellte mir vor, wie schrecklich die Hitze war, und sie hatte wahrscheinlich Krebs, und – ich weiß nicht, was. Jedenfalls schien es mir vollkommen klar, warum Seymour darauf bestand, daß ich mir vor jeder Sendung die Schuhe putzte. Es hatte Sinn.«[4] Das Bild, das das Mädchen Franny aus »Der dicken Frau« entwickelt, ist dem des Bruders ganz ähnlich: »Ich hab sie mir nicht auf der Terrasse vorgestellt, aber sie hatte sehr – weißt du – sehr dicke Beine, und voller Krampfadern. Meine saß in einem schrecklichen Korbstuhl. Auch meine hatte Krebs, und sie hatte auch das Radio von früh bis spät auf volle Lautstärke gedreht. Meine auch!«

Dieses Bild »Der dicken Frau« wird nun in Gegensatz gebracht zu der Welt des Fernsehens oder zu »einem verdammten Broadway-Theater, wo das Publikum aus den Elegantesten, Wohlgenährtesten, Sonnengebräuntesten besteht. Aber ich werde dir ein schreckliches Geheimnis erzählen – hörst du mir zu? Da unten sitzt keiner, der nicht Seymours ›Dicke Frau‹ wäre. Und das schließt deinen Professor Tupper ein, Mädchen. Und Dutzende

---

4   J. D. Salinger, *Franny und Zooey*, Reinbek 1967, S. 123.

von seinen blöden Vettern. Es gibt nirgendwo irgendeinen, der nicht Seymours ›Dicke Frau‹ wäre. Weißt du das nicht? Kennst du dieses verdammte Geheimnis noch nicht? Und weißt du noch nicht – jetzt paß gut auf –, weißt du nicht, wer diese Dicke Frau in Wirklichkeit ist? – Aber Mädchen, Mädchen. Es ist Christus selber, Christus selber, Mädchen.‹

Vor Freude konnte Franny offenbar nichts anderes tun, als den Hörer festhalten, mit beiden Händen festhalten.

Länger als eine halbe Minute war nichts zu hören, kein Wort mehr. Dann: ›Ich kann nichts mehr sagen, Mädchen.‹ Und es folgte das Geräusch, mit dem ein Hörer aufgelegt wird.«

Die Religionsfeindlichkeit der Gegenwart hängt mit der Angst vor Bildern, vor lebensverändernden Bildern zusammen. Wir wollen »Die dicke Frau« nicht, weil sie stört, und man muß schon nach einem großen Erzähler wie Salinger suchen, um den Zusammenhang zwischen »Der dicken Frau«, Christus und uns allen deutlich zu machen.

Im Licht dieses Bildes läßt sich aber vielleicht deutlicher sagen, wie wir Bilder voneinander unterscheiden können und welche Kriterien der Bewertung von Bildern wir haben. Es wäre ja unsinnig, nur die Bilder einer bestimmten religionsgeschichtlichen Epoche, zum Beispiel der Marienverehrung des späten Mittelalters, zuzulassen oder sich innerhalb einer notwendig begrenzten religiösen Welt zu bewegen.

Das Kriterium, mit dessen Hilfe wir Gott und die Götzen voneinander unterscheiden können, ist nicht formal zu fassen, sondern nur von den Inhalten her. Parolen wie »Jesus allein«, »nur Jesus«, »one way« sind formalistisch, weil sie ihren Jesus ganz inhaltsfrei vom Himmel schweben lassen, sie sind außerdem exklusiv, sie weisen andere Bilder ab. Sie leugnen, daß »Die dicke Frau« Christus ist. Damit fördern sie aber die im Christentum wie in jeder historisch relevant gewordenen Religion gegebene Tendenz, aus Christus einen Götzen zu machen, dem man dient, indem man »Herr, Herr« zu ihm sagt (Matthäus 7,21), ohne doch inhaltlich zu benennen, was denn so machtvoll und überwältigend an Jesus sein soll. Das Kriterium, das die Bibel anbietet, um die richtigen von den falschen Bildern, Gott von den Götzen zu unterscheiden, ist inhaltlich. Gott ist Liebe, wie es bei Johannes heißt. Und was das bedeutet, sieht man am Bild Jesu. Götzenbilder sind solche, die an dieser Liebe – und per Konsequenz an diesem Leiden – keinen Anteil haben. Man kann sich ja mühelos andere Bilder vorstellen, als ausgerechnet das blutbeschmierte Gesicht dessen, dem zuliebe sich manche »Christen« nennen; schönere, weisere, glücklichere Gestalten und Bilder. Das Foto einer schönen jungen Frau am Schwimmbad hinter einer Luxusvilla, sofern es »bildende« Funktion hat und Menschen zu dieser Art Lebensziel und Trost hin bildet, wäre ein solches Götzenbild, das uns zum kapitalismusspezifischen Götzendienst verführt.

Es scheint mir weder ein Zufall noch ein kommunistischer Propagandatrick, daß jenes Foto von Che Guevara, das um die Welt gegangen ist und das eine Art Ikonenqualität besitzt, Christus so ähnlich sieht. Dieses beruht auf der tiefen Übereinstimmung in der Sache. Nicht Che ist ein Götzenbild, sondern alle Bilder, die das Leiden, den Kampf und damit die Liebe verleugnen und ausschließen. Unsere Kultur tendiert dazu, bestimmte Bilder, etwa die, die Alter, Schmerz und Tod darstellen, auszuschließen; andere, vom Typ Schweinchen Schlau, werden relevant.

Das Angebot von Bildern ist nicht mehr traditionsdiktiert, und in diesem Sinn ist kein Zweifel daran möglich, daß das unüberlegt ererbte Christentum innerhalb der Industriekulturen keine Zukunft mehr hat. Wir können wählen zwischen verschiedenen Bildern, unser Leben zu formulieren, und wir müssen wählen.

Daß ich Christ bin, heißt in diesem Zusammenhang der Moderne, daß ich eine bestimmte Entscheidung für ein überkommenes Bild getroffen habe und wieder treffe, eine bewußte Entscheidung: Ich will versuchen, mit diesem Bild zu leben, ich will mich auf diese Stimme einlassen, ich will mich mit dieser Tradition auseinandersetzen, sie annehmen oder verwerfen. Diese bewußte Entscheidung ist ein Kennzeichen modernen Christentums, die erst notwendig wird, wenn man das Dorf, in dem Familie, Brauch und Religion eine selbstverständliche und verinnerlichte Herrschaftsstruktur darstellten, verlassen hat.

Warum brauche ich diese Entscheidung? Das zitierte Lied aus der schwarzen amerikanischen Frömmigkeitskultur, sagt im zweiten Vers: »Lord, I want to be more loving in my heart.« Christ bin ich, weil ich diesen Wunsch mit der gesamten Christenheit teile. Ich will lernen, mehr zu lieben, ich will anders sein, als ich jetzt bin, ich will den Abstand zwischen mir und Christus verringern, ich will Gerechtigkeit und Liebe, die Grundwerte der jüdisch-christlichen Tradition, leben, verwirklichen, ich will an ihnen Anteil haben. Ich will das Reich Gottes, in dem Gerechtigkeit und Liebe für alle da sind und für alle möglich werden, mit aufbauen. Dieser Prozeß, in dem ich liebesfähiger werde, macht mein Leben aus, diese Bewegung auf das Reich Gottes zu ist der Sinn des Lebens. »Christus« steht jetzt für diese Bewegung: für ihren Schmerz, für ihre Niederlagen, für ihre Wunder, für ihren Geist. Für den Tod. Für die Auferstehung. Christus steht für Jesus von Nazareth plus allen, die zu ihm gehören. Man kann diesen Christus dann anonym oder kosmisch nennen; wichtiger scheint mir, daß man seine historische Seite nicht aus dem Auge verliert, die das Korrektiv zur mystischen Einswerdung darstellt. Die Stimme des zu Tode Gefolterten war nicht zum Schweigen zu bringen. Christ bin ich, indem ich der Stimme Christi zuhöre, indem ich mich auf diesen Dialog und diesen Prozeß einlasse.

»Lord, I want to be more loving.« Wenn ich dieses Lied singe, dieses Gebet mir zu eigen mache, dann wird die Frage: Warum Jesus? Warum nicht Sokrates oder Buddha? immer unwichtiger. Diese Frage stammt aus der Zeit, als die Menschen das religiöse Dorf verließen und erstaunt feststellten, daß hinter dem Dorf auch noch Leute wohnten. Für uns Großstädter, religiös gesprochen, hat sie mehr den Sinn eines Nachhutgefechts. Die wirkliche Frage für uns heißt nicht: Warum Christus und nicht ein anderes Bild, eine andere Stimme, die zu mir spricht über Liebe und Gerechtigkeit? sondern: Warum immer noch Christus da droben, da draußen, über uns und warum nicht Ich hier und jetzt? Ich leugne nicht, daß Christus zunächst oft eine Gestalt des Über-Ich ist, die wegen der ungeheuren Oberflächlichkeit der Christianisierung nichts als ein Über-Ich-Idol bleibt, das später meist abstirbt. Dennoch kann man die Tendenz wirklicher Christianisierung beschreiben als die Inkarnation. Christus will Fleisch werden, auch in mir. Wo Über-Ich war, wo Herrschafts- und Kontrollmechanismen funktionierten, da soll Ich sein, da soll der Dialog zwischen Ich und Ich-Ideal stattfinden, von dem ich hier spreche, dessen tiefste Bedeutung ist, Christus ähnlicher zu werden.

In der Frage, warum gerade dieser Christus und nicht mögliche andere Gestalten, bin ich immer noch im religiösen Supermarkt befangen. Nichts gegen diesen bereichernden, blickerweiternden Supermarkt gegenwärtiger Möglichkeiten. Aber kann ich mich auf die Rolle des Zuschauers, des Bewunderers, wie Kierkegaard ihn nannte, des religiösen Kunden reduzieren? Nicht die Anzahl der Bilder, die wir lieben, ist entscheidend, sondern die Beziehung, in der wir zu den Bildern stehen, die Macht, die wir ihnen einräumen über unser Leben und über unsere Welt. Solange wir von dieser Frage abstrahieren, bleiben wir im beziehungslosen Supermarkt, dem alle Religionen zum Lieferanten von Konsumobjekten werden.

Christ bin ich wegen Christus. Und sich auf Christus einlassen bedeutet, wie er werden, ihm ähnlicher werden. Darum heißt die nächste Strophe des Liedes, dem ich hier nachgehe: »Lord, I want to be like Jesus in my heart.« Sich identifizieren ist nicht ein formaler Akt, wie er sich zum Beispiel in der Taufe ausdrückt, es ist ein Lebensprozeß, in dem der Liebende dem Geliebten immer ähnlicher wird. Christ bin ich, um wie Christus zu werden. So lerne ich, am ehesten nach dem Reich Gottes zu trachten und alles andere, das nicht der Gerechtigkeit dient, als zweitrangig anzusehen.

> Lord, I want to be a Christian in my heart.
> Lord, I want to be more loving in my heart.
> Lord, I want to be more holy in my heart.
> Lord, I want to be like Jesus in my heart.

Christ bin ich um des Reiches Gottes willen. Zwar könnte ich auch hier andere Namen für das Reich Gottes einsetzen und andere Formeln benutzen, die im wesentlichen auf negative Aussage gestützt sind, wie etwa die Formel von der klassenlosen Gesellschaft. Über das Reich Gottes zu sprechen heißt in der Tat über das Ende von Privatbesitz, Unrecht und Herrschaft zu reden; aber die Art, in der Jesus in seinen Gleichnissen von der Stärke der Schwachen, der Bedeutung des Ohnmächtigen gesprochen hat, erreichen wir mit Hilfe kritischer negativer Sprache noch nicht. Negative Theologie, und vielleicht kann man die Frankfurter Schule zu ihren Ausläufern zählen, wiederholt und schärft ein: So nicht. Dies war nicht gemeint. Aber ist das Wesentliche des Reiches Gottes überhaupt im Medium der Kritik sagbar?

Ich vermute, wir brauchen die Rede vom Reich Gottes, wie wir das Bild des Geschundenen brauchen. Es gibt gar keine vernünftige Begründung, warum man diese Wörter und Bilder, Gesten und Rituale, im ganzen also: die Tradition aufgeben soll, vorausgesetzt, man stimmt im Wunsch, mehr zu lieben, und im Bedürfnis nach dem Reich Gottes überein. Geht man von diesen Wünschen und Bedürfnissen aus, dann gibt es ein neues Interesse an dem Frieden, der höher ist als alle Vernunft, ein neues Bedürfnis nach einer Sprache, die mehr verspricht als die wesentlich kritische. Die Sprache dieses Friedens, der höher ist als die kritische Vernunft, ist dann erzählend und gleichnishaft. Das Reich Gottes ist, wie wenn einer über Land geht und sät. Wir brauchen Erinnerung an Befreiung und Geschichten von Befreiung.

Solche Geschichten helfen uns auch gegen das immer noch nächstliegende Mißverständnis des Christlichen, als sei es Platonismus fürs Volk (Nietzsche). Als handele es sich beim Reich Gottes um eine zweite Welt über dieser und eine andere Zeit nach dieser und eine spezielle Geschichte des Heils, die unbeschädigt durch die Unheilsgeschichte der Welt hindurch läuft. In Wirklichkeit (ich spreche hier nicht für die Christen, die ihr Christentum ererbt haben, sondern für die, die aus der Naivität durch die Phase der Kritik zu einer dritten Stufe kritischer, auswählender Bejahung gekommen sind) – in der Wirklichkeit solchen Glaubens spielen das Verständnis von einem lenkenden und übermächtigen Gott und die Hoffnung auf eine postmortale Existenz nur die Rolle, die sie in einigen zentralen Geschichten des Neuen Testaments spielen, nämlich gar keine. Ich denke an die Geschichte vom Barmherzigen Samariter (Lukas 10, 25-37) oder an die vom Jüngsten Gericht (Matthäus 25). Die Annahme eines himmlischen Wesens und die Hoffnung auf Fortdauer werden in diesen Geschichten nicht zum Thema, wohl aber die genannten Themen: der Wunsch, mehr und gründlicher zu lieben, das Interesse an dem Reich, in dem die Hungrigen mit Gütern gefüllt und die Reichen leer hinweggeschickt werden (Lukas 1,53). Der Samariter versucht, genauer für einen anderen dazusein, er starrt nicht auf Jesus als einen starken Superstar, der schon alles in Ordnung bringen wird, erst recht nicht auf Gott den Allmächtigen, sondern handelnd wird er wie dieser Jesus. In diesem Sinn ist er ein Christ, der das formale Bekenntnis zu Christus nicht braucht. Die alte Frage, ob man das Reich Gottes nicht auch ohne Jesus suchen und bauen könne, welche Notwendigkeit uns auf die christliche Sprache festlegt, wird auch hier nicht formal und nicht argumentativ entschieden. Nur in der Praxis kann sich die Macht der Bilder, ihr Kommunikationspotential erweisen. Zum Glauben kommt man nicht durch Bücher und Deduktionen von Gedanken, sondern durch gemeinsame Praxis. Christsein wird vermittelt durch andere Christen.

Es gibt einen biblischen Satz, der gerade in der Arbeiterbewegung sehr wichtig geworden ist. Er heißt: »Alles ist möglich dem, der da glaubt« (Markus 9,23). Als die Uhrenfabrik Lip bei Besancon von den Arbeitern übernommen wurde, kletterte ein junger Mann an der Front des Hauses hoch und schrieb diesen alten Satz auf die Fabrik. Tout est possible. Es ist nicht wichtig, ob der junge Mann das alte Buch kannte, aus dem dieser Satz stammt. Entscheidend ist, daß wir ihn lernen und daß diese Art von Sprache, die Hoffnung nicht nur verspricht, sondern herstellt, nicht zugrunde geht.

Christ bin ich, wenn ich glaube, daß alles möglich ist. Blinde lernen sehen, alte Nazis hören auf zu verdrängen, Technokraten hören den Machtlosen zu. Die Lahmen gehen, die Tauben hören, die Armen hören die Nachricht von der Befreiung. Vieleicht muß man an dieser Stelle den individualistischen Ton des Spirituals verlassen und aus dem Ich ins Wir, aus dem Voluntarismus in die Erfahrungen der Geschichte übergehen. Christ bin ich, weil ich glaube, daß das, was allen versprochen war, möglich ist.

Jesus von Nazareth hat mit seinem Leben etwas versucht, was ich auch will, an dem mir tatsächlich »alles« liegt. Da der Ausgang seines Experiments ungewiß ist, kommt es darauf an, daß möglichst viele, möglichst alle daran mitarbeiten: mit Wunder tun, mit leiden, mit erzählen, mit teilen.

Er ist mein Bruder, der, etwas älter als ich, mir immer schon einen Tod voraus ist; der, etwas jünger als ich, verrückter, mir immer schon ein Wunder voraus ist.

Was tut er mir? Ich lerne von ihm. Wenn man nicht mehr lernt, ist man tot, und von ihm lerne ich am meisten. Er spricht von meinem Leben so, wie ich will, daß von ihm gesprochen wird, ohne jede Verachtung. Er läßt es nicht zu, daß nur ein einziger Tag meines Lebens gering geachtet, sinnlos, ohne das große Experiment sei. Ich lerne von ihm, allen Zynismus zu überwinden. Diese Lektion finde ich heute am schwersten – es gibt überzeugende Gründe, Menschen zu verachten, es gibt großartige Gründe, mich selber zu verachten. Es gibt eine Versuchung, das Leben nur teilweise, nur ein Stück weit, nur unter Umständen zu bejahen. Er beschämt mich – meine endliche, ungeduldige, teilweise oberflächliche Bejahung. Er lehrt mich ein unendliches, revolutionäres, nichts und niemanden auslassendes Ja.

5. Auferstehung und Befreiung

Der Sinn der christlichen Religion ist, daß wir »durch den Glauben das Leben haben in seinem Namen« (Johannes 20,31). Dieser Satz steht am Ende des Berichts über die Auferstehung Christi im Johannesevangelium; es ist das diesseitige Leben, von dem hier die Rede ist, ein wirkliches, authentisches Leben, in dem wir immer angstfreier und immer liebesfähiger werden. »Leben«, das ist nicht bloßes Vegetieren, nicht gerade noch Überleben, nicht dieses permanente Ersticken, als das wir das Leben oft erfahren. Leben, das ist, wie wenn eine Mutter ihre Tochter anlacht und fragt: Bist du glücklich? Oder wie wenn ein Schuljunge auf seinem Fahrrad nach Hause fährt und die Arme vom Lenker in die Luft hebt. Wenn wir von der Auferstehung von den Toten sprechen, dann meinen wir dieses mögliche, erfüllte Leben. »Solches habe ich euch geschrieben, auf daß ihr wißt, daß ihr das ewige Leben habt, weil ihr an den Namen des Sohnes Gottes glaubt« (1. Johannes 5,13). An den Namen des Sohnes Gottes zu glauben bedeutet so viel wie von dem bürgerlichen Namen dieses Menschen Jesus aus Nazareth überzugehen zu dem ewigen Namen, Christus, dem Namen, den wir alle tragen. Es bedeutet, wieder zu wissen und neu zu erfahren, daß dieses Leben eines armen Mannes, dieses Leben in Kampf und Leiden die Wahrheit ist auch für unser Leben. Nichts endete, als er zu Tode gefoltert wurde; alles fing erst richtig an. Das nennen wir Auferstehung.

Vor einigen Jahren kam ich auf einer Konferenz in Italien in einen Streit mit zwei Teilnehmern, beide katholische Priester. Ich war gereizt, weil sie einige Dinge sagten, die mir unkritisch, antiliberal und antiprotestantisch vorkamen. Schließlich fragte ich sie: »Was habt ihr eigentlich gegen den Protestantismus?« Sie schwiegen eine Weile, und dann sagte der ältere, der aus einem kleinen Dorf in Süditalien kam: »Du spürst genau wie wir, wie schwer es ist, Christ zu sein in der industrialisierten Welt. Es gibt eine gewisse Unvereinbarkeit zwischen dem Christentum und der Moderne. An diesem Punkt stimmen wir ganz überein. Das Problem ist nur die Lösung, die ihr Protestanten anbietet. Ihr habt die Religion verändert, um sie mit der modernen Welt zu versöhnen.« Ich habe lange über diese Bemerkung nachgedacht. Statt die Religion zu verändern, bis sie zur modernen Welt paßt, wollten diese Priester die Welt ändern, bis sie zur biblischen Sicht des Lebens paßt. Haben sie nicht recht?

Ich dachte zurück an die Jahre meines Theologiestudiums in Göttingen, an meine theologische Lektüre, an meine Arbeit als Religionslehrerin und theologische Schriftstellerin. Was wesentlich geschah in den protestantischen Fakultäten und Kirchen, war, die Religion an die Moderne anzupassen. Diese moderne Welt selber wurde dabei als vorgegeben verstanden; die Aufgabe der Theologen bestand darin, die veraltete Religion zu modernisieren und zu glätten. Niemand von uns Studenten der Theologie kam auf die Idee, es andersherum zu versuchen und die Gesellschaft zu verändern, bis sie besser zu dem Versprechen des Evangeliums und seiner Vision vom Leben paßte. Wir sprachen nicht davon, daß die Entfremdung der Menschen eine destruktive soziale Struktur ist und darum »Sünde«, wir redeten nur von der Rebellion des einzelnen gegen Gott. Dieser Begriff ist aber äußerst ungeeignet, um die wirkliche Sünde, die tiefe Glaubenslosigkeit zum Beispiel einer jungen Arbeiterin, die nicht organisiert ist, die ihre Hoffnungen vollständig privatisiert hat, zu beschreiben. Wir verkürzten und verringerten die biblische Konkretheit und Genauigkeit in sozioökonomischen Fragen. Die biblische Rede über die Armen und die Reichen nahmen wir nicht ernst. Wir spiritualisierten diese Begriffe so lange, bis sie nichts Konkretes mehr aussagten; daß sie mit Finanzen, unbezahlten Rechnungen, Mietschulden, Räumungsklagen und Obdachlosigkeit, mit Unterbeschäftigung und Arbeitslosigkeit, mangelnder und falscher Ernährung, Hunger und Krankheit zu tun haben, kam uns nicht in den Sinn. Wir romantisierten »die Armen«, wir nannten sie nicht mit klareren Wörtern wie Landproletariat oder Kriegerwitwen. Wir spiritualisierten die Armen und wir vergaßen sie. Die arbeitenden Menschen wurden unsichtbar in den theologischen Zirkeln, wir wußten überhaupt nichts über ihre Lebensbedingungen. Wir bezogen die Sünde auf die rebellische Persönlichkeit, und niemand brachte uns bei, in kollektiven Kategorien zu denken. Wir schnitten die Idee der Sünde ab von unserer nationalen Geschichte; mit uns als Deutschen im zwanzigsten Jahrhundert hatte das alles nichts zu tun. Wir trennten die Schuld säuberlich von unserer Ökonomie. Wir ahnten, was Entfremdung war, aber wir ontologisierten sie zu einem ewigen Schicksal, das mit der menschlichen Existenz gegeben sei. So vermieden wir, die Sache »Sünde« zu nennen und ihr mitten in unserer Gesellschaft ins Gesicht zu sehen.

Das Kreuz bezogen wir auf das Ertragen individueller Leiden. Wir schnitten es ab vom Kampf, ja wir sahen die Kreuze, die um uns herum standen, noch nicht einmal. Schließlich dachten wir über die Auferstehung nur wie über ein späteres Leben, nach dem Tod, in einer anderen Wirklichkeit, statt an sie hier und jetzt zu glauben, wie Johannes, der, wenn er davon spricht, daß wir das Leben »haben«, immer in der Gegenwart redet.

Ich karikiere jetzt vielleicht ein wenig, aber die bürgerliche Theologie steckt uns in den Knochen, auch wenn wir einige ihrer mythologischen Vorstellungen rational überwunden zu haben glauben. Die Bilder, die wir in uns tragen, und das, was von der christlichen Tradition noch übrig ist, sind blaß, sie entsprechen einer sterbenden Kultur. Auferstehung wird assoziiert mit: seine Lieben wiederfinden, nach Hause kommen nach einer gefahrvollen Reise, mit Ruhen nach einem langen, arbeitsreichen Tag. Das alte biblische Bild sprach von der »Stadt« Gottes, von ihren goldenen Toren, in denen Menschen aus und ein gehen konnten, ungehindert, frei, einer Stadt, in der öffentlich über Gerechtigkeit gesprochen werden konnte. Aber diese Bilder, wie sie etwa in den Negrospirituals auftauchen, hatten in unserer Kultur keinen Raum, daran hat auch eine aufgeklärte Theologie nichts ändern können. Der Wechsel der Bilderwelt sagt etwas über die kleingewordene Hoffnung aus. Was einst inklusiv und ganzheitlich gesagt werden konnte, wurde zu einer erschöpften Hoffnung auf das Leben danach. Es macht aber einen Unterschied, ob man von Ruhe und Frieden oder von Glück und Wahrheit träumt, es macht einen Unterschied für den Hoffenden, ob er wie ein leeres Gefäß gefüllt werden will, oder ob er Anteil an der Bewegung aus dem Tod heraus hat. Die bourgeoise Kultur hat die Religion verändert, statt die Welt zu verändern. Wir Protestanten reduzierten unsere Symbole und beschränkten sie auf uns selbst, auf unsere Persönlichkeiten. Wir benutzten die religiösen Begriffe und Bilder nur für einen Zweck: Sie sollten dem höchsten Wert der bürgerlichen Kultur dienen, nämlich dem Individualismus. Wenn der Anfang allen modernen wirtschaflichen Wachstums die private Initiative des einzelnen Unternehmers ist und wenn die kollektiven Formen von Zusammenarbeit und gemeinsamem Besitz durch den Wirtschaftsprozeß verschwinden, so fällt der herrschenden Religion die Aufgabe zu, diesen Prozeß zu segnen. Religion wird ein Werkzeug für die herrschende Klasse und funktioniert nur noch, um die Traurigen zu trösten, das persönliche Leben zu bereichern und dem Einzelnen das Gefühl von Sinn zu geben. Sünde wird dann meine persönliche Verfehlung, vor allem sexueller Art, das Kreuz wird dann mein einzigartiges Leiden und die Auferstehung meine individuelle Unsterblichkeit. Auch wenn ich gar nicht mehr an die postmortale Existenz glaube, so bleibt doch die reduzierte religiöse Fragestellung fixiert auf ein Thema, das eigentlich nicht mehr unseres ist. Das wirkliche Thema, die wirkliche Auseinandersetzung mit dem alltäglichen und allgegenwärtigen Tod der Kultur, in der wir leben, bleibt vermieden.

Was bedeutet die vergessene Auferstehung? Welche Aussagen können wir machen, wenn wir das Gefängnis der bürgerlichen Theologie verlassen wollen? Welche Sprache können wir finden, um auch das Herzstück der bürgerlichen Theologie, eben ihren Individualismus, zu überwinden? Es gibt ein berühmtes Lied aus der nordamerikanischen Arbeiterbewegung, das von dem Arbeiterführer und Liedermacher Joe Hill handelt. Joe Hill wurde im Januar 1914 in Salt Lake City wegen eines angeblichen Mordfalles festgenommen. Trotz weltweiten Protestes und tiefer Anteilnahme der Öffentlichkeit wurde er im November 1919 hingerichtet. In der Nacht, bevor er erschossen wurde, rief ein Sprecher in einer Versammlung aus: »Joe Hill wird niemals sterben!« Zwanzig Jahre später wurde folgendes Lied über ihn geschrieben:

I dreamed I saw Joe Hill last night
Alive as you and me.
Says I, »But Joe, jou're ten years dead.«
»I never died«, says he.
»I never died«, says he.

»In Salt Lake, Joe, by God«, says I,
Him standing by my bed,
»They framed you on a murder charge.«
Says Joe, »But I aint' dead.«
Says Joe, »But I aint' dead.«

»The copper bosses killed you, Joe,
They shot you, Joe«, says I.
»Takes more than guns to kill a man«,
says Joe, »I didn't die.«
says Joe, »I didn't die.«

And standing there as big as life
And smiling with his eyes,
Joe says, »What they forgot to kill
Went on to organize
Went on to organize.«

»Joe Hill ain't dead«, he says to me,
»Joe Hill ain't never died.
Where working men are out on strike

Joe Hill is at their side,
Joe Hill is at their side.«

»From San Diego up to Maine
In every mine and mill,
Where workers strike and organize«,
Says he, »You'll find Joe Hill.«
Says he, »You'll find Joe Hill.«

I dreamed I saw Joe Hill last night
Alive as you and me.
Says I, »But Joe, you're ten years dead.«
»I never died«, says he.
»I never died«, says he.

In Prosaübersetzung könnte man den Inhalt dieses Liedes zusammenfassend etwa so wiedergeben: »Letzte Nacht träumte ich, ich sähe Joe Hill so lebendig wie dich und mich. Und als ich sagte, er sei doch schon zehn Jahre tot, antwortete er: ›Niemals bin ich gestorben! Man braucht mehr als Gewehre, um einen Menschen umzubringen. Sie haben nicht daran gedacht, daß sie auch hätten vernichten müssen, was die Arbeiterschaft zusammenhält. Aber wo immer sich Arbeiter organisieren, bei jedem ihrer Streiks, da findet man auch Joe Hill, den Gewehrkugeln nicht töten konnten.‹«

Ich will versuchen, mein theologisches Verständnis von Auferstehung darzustellen; es hat seinen Ursprung in den biblischen Texten, aber es wird genährt und gestärkt auch von anderen Quellen. So versuche ich die Bibel zu lesen im Licht von Joe Hill, der niemals starb, und im Licht seiner Brüder und Schwestern.

Nichts drückt den christlichen Glauben so ursprünglich aus wie die Geschichte von der Auferstehung. Christus ist von den Toten auferstanden, das war und ist eine Botschaft von lebensverändernder Kraft. Sie ist Zentrum des Glaubens, an dem Menschen festgehalten haben auch unter den Bedingungen der Zerstörung. Es gibt eine Versöhnung des entfremdeten Lebens, es gibt den Sieg über den Tod und die Ungerechtigkeit. Wenn wir wie in der Liturgie der Osternacht uns zurufen: »Christus ist auferstanden, er ist wahrhaftig auferstanden«, so rufen wir »Befreiung« und sind mit den geschundenen, zerstörten Menschen, den Armen, zusammen. »Er ist auferstanden«, sagen wir und meinen, wir werden satt, wir lieben unsere Mutter, die Erde; wir bauen Frieden mit unserem ganzen Leben. Wir machen aus den Schwertern Pflugscharen. Man muß diese Kraft dessen, was Auferstehung heißt, in unserem Leben spüren. Wir müssen diese Worte wie »Auferstehung, Leben aus dem Tod, Gerechtigkeit« wieder in Besitz nehmen und sie an unsren eigenen Erfahrungen als wahr erkennen. Wenn wir unsere Erfahrungen benennbar gemacht haben, so können wir unser Leben im Rahmen der großen Symbole unserer Tradition beschreiben: Auch wir waren in Ägypten, auch wir wissen, was Exodus bedeutet, auch wir kennen den Jubel des Freiwerdens – des Auferstehens aus dem Tode. Nur was wir selber an christlicher Erfahrung zu einem Teil unseres Lebens gemacht haben, das läßt sich auch weitersagen, das wird auch für andere kommunikabel. Diese Kraft der Auferstehung ist aber verschleiert und bleibt unreal, wenn wir die Auferstehung Christi exklusiv betrachten. Wenn wir aus ihr ein exklusives Privileg Christi machen, dann verfehlen wir ihren Sinn, der inklusiv ist und uns alle meint. Zu sagen, daß er auferstanden ist, hat nur Sinn, wenn wir wissen, daß wir auch auferstehen werden vom Tode, in dem wir jetzt sind. Er hat den Tod hinter sich gelassen, aber das Entscheidende an dieser Botschaft ist nicht Selbstzweck, keine abgeschlossene Informationseinheit.

Es besteht die Gefahr, daß wir in eine theologische Häresie verfallen, die die feministische Theologin Mary Daly sehr treffend »Christolatrie« genannt hat. Wenn wir die Auferstehung Christi verehren, ohne sie zu teilen, machen wir ein Idol aus Christus, einen Fetisch, der unsere eigene Trostlosigkeit nicht berührt. Manchmal denke ich, daß Christus heute so heimatlos in den Kirchen ist, weil er dort Verehrer findet, aber keine Freunde. Zu viel Anbetung, zu wenig Kameradschaft (fellowship). Christus bewundern heißt nicht, ihm zu folgen, Kierkegaard hat uns das sehr klargemacht. Die Verehrung Christi ohne Anteilhabe an seinem Leben, Leiden und Sterben ist die herrschende Form von Religion, jedenfalls in der ersten Welt. Da gibt es Parolen wie »one way!«, »Jesus liebt dich!«, »Nimm doch Jesus!«, die alle dem herrschenden Individualismus nichts entgegenzusetzen haben. Es sind massenwirksame, aber ungefährliche Parolen. Es ist wie ein formelhaftes »Herr, Herr«-Sagen, bei dem die Inhalte dieses Herrschaftsprinzips gar nicht zur Sprache kommen. Wörter wie Jesus, Gehorsam, Liebe, Glauben, Auferstehung bleiben innerhalb dieser Religiosität gänzlich unübersetzt, als hätten sie ihren zeitenthobenen Sinn ein für allemal, ja es wird nicht einmal die Nötigung empfunden, genauer zu sagen, wer denn Jesus ist und warum er eine solche Bedeutung hat. Er wird nicht mit Erfahrungen von Befreiung, Schritten zu Gerechtigkeit und Frieden in Beziehung gesetzt, sondern über der Realität als eine Autorität angesetzt. Der autoritäre Charakter dieser Frömmigkeit berechtigt dazu, hier von einer Art Christofaschismus zu sprechen.

Es ist die Religion, innerhalb deren sich der gewöhnliche Faschismus abspielen kann; die unbewußt und hilflos dem Faschismus zuarbeitet, indem sie Abhängigkeit verklärt; die sich selber für apolitisch hält, in Wirklichkeit aber politische Positionen der Macht bestätigt. Die Sucht, die Macht anzubeten oder zu verehren, wird ja nicht dadurch gebrochen, daß man statt Hitler oder Mussolini »Jesus« auf seine Fahne schreibt. Der Christus der Christofaschisten leidet nicht; er war nie arm, oder wenn er es war, dann ist es eine unwesentliche Qualität, etwas bloß Äußerliches an ihm. Er hat seine Wunder nicht in Erwartung des Reiches Gottes getan und auf dieses hin Menschen organisiert, sondern als bloß individualistische Hilfsaktionen. Dieser Jesus liebt in der Tat nur dich und dich und dich, nicht aber uns alle. Der Christus der Christofaschisten ist auch nicht aus politischen Gründen ans Kreuz gekommen, sondern aus innerreligiösen, weil sein Vater es so wollte. Die Bibel wird in diesem Zusammenhang nicht als ein materialistisches Buch gelesen, das den Leib der Menschen ernst nimmt, ihren Hunger zum Beispiel und ihre Gesellschaft, sondern sie wird idealistisch spiritualisiert. Das Gottwesen handelt an unserer Statt. Verehrung, Anbetung, Idolatrie ist die Beziehung, die wir zu ihm entwickeln können, nicht Nachfolge und Partizipation.

Die Auferstehung Christi glauben bedeutet aber nicht heroische Idolatrie. Gerade das können wir aus dem Lied über Joe Hill lernen. Ich starb niemals, sagt er. Ich bin nicht gestorben. Aber diese Sätze hängen ab von seinen Freunden, von denen, die seine Sache weitertragen. Auferstehung als etwas rein Objektives, als ein bloßes Faktum, das auch ohne uns wahr wäre, hat keinen Sinn. Es wäre dann nur eine theologische Verdinglichung unter einer positivistischen Weltperspektive. Die Zeugen der Bibel sind ebensoweit von dieser Christolatrie und Verdinglichung entfernt wie die Leute, die über Joe Hill sangen. Joe Hill allein, er in sich selbst, er »a se«, um eine scholastische Formel aufzugreifen, ist tot; wenn Individualismus unsere letzte und tiefste Kategorie ist für das menschliche Wesen, dann können wir nicht verstehen, worum es sich bei der Auferstehung überhaupt handelt.

Anthropologisch gesprochen gibt es aber keine Sache, die Christus allein, er in sich selber, heißen könnte. Wir sind ein Teil Jesu Christi, und er gehört zu unserer humanen Existenz, die nicht an den Grenzen unseres Körpers oder entlang der Einzigartigkeit unserer Persönlichkeiten definiert werden kann, sondern durch unsere sozialen Beziehungen. Als Menschen sind wir besser zu definieren durch unsere Beziehungen als durch unsere Substanz. Unser Wesen ist eine lebendige Beziehung zu anderen, die auf gegenseitiger Hilfe beruht und von einem elementaren Bedürfnis nach Kommunikation getragen wird. Es ist nur innerhalb der kapitalistischen Vorstellung vom Menschen, daß wir zu Monaden reduziert werden, deren Beziehung zur Welt im Haben, Konsumieren und Beherrschen sich ausdrückt.

Wir müssen die Vorstellung der Auferstehung aus dem Würgegriff des Individualismus befreien. Das bedeutet auch, daß Auferstehung nicht ein Ereignis, ein einzelnes isoliertes Ereignis war, das einmal vor 2000 Jahren passiert ist. Es ist eher zu verstehen als ein Prozeß, und es geschieht immer wieder aufs neue, daß Leute, die zuvor tot waren, sich von den Toten erheben. Einige Leute sind bereits vom Tode auferstanden; wenn wir uns ihrer erinnern, nähren wir unsere eigene Hoffnung auf die Auferstehung. Diese Hoffnung selber ist unbewiesen und unbeweisbar. Sie ist ein genuiner Akt des Glaubens. Der einzige mögliche Beweis von Christi und unserer Auferstehung wäre eine veränderte Welt, die dem Reich Gottes etwas näher wäre.

Auferstehung gibt uns den Anfang des Reiches, nicht seine Vollendung. Der Schmerz der unerfüllten Versprechen ist noch bei uns, Christus trägt die Wundmale seiner Kreuzigung an seinem Körper; in diesem Sinn bezeugt die Tradition selber den Unterschied zwischen der Auferstehung und dem Reich Gottes, da die Wunden geheilt sind. So meinen auch wir, wenn wir von Befreiung sprechen, einen unabgeschlossenen Prozeß, wir sprechen mit diesem Ausdruck über den Kampf für Befreiung, der in sich selbst befreiend ist, wir sprechen nicht von der Freiheit als einem Geschenk, das wir einst und für immer bekommen haben. Kreuz und Auferstehung sind in dem Konzept einer permanenten Befreiung beide gegenwärtig.

Auferstehung ist das Symbol des Glaubens, das am tiefsten verschlüsselt ist und sich der Decodierung widersetzt. Verschiedene Zeiten haben verschiedene Übersetzungen dieses Symbols versucht. Wenn die bürgerliche Theologie die individuelle Dimension betonte, so wird die neue Theologie, an der wir arbeiten, die soziale Dimension des Mysteriums betonen. Wir bringen Auferstehung mit Befreiung zusammen, weil unser tiefstes Bedürfnis nicht persönliche Unsterblichkeit ist, sondern ein Leben vor dem Tode für alle Menschen.

Aber gibt es ein solches Leben vor dem Tode? Wie könnten wir es beschreiben? Wo findet denn Auferstehung und Befreiung statt? Ich glaube, das stärkste Zeichen des neuen Lebens ist die Solidarität. Wo Solidarität geschieht, da ist Auferstehung. Wenn wir die Neutralität des Schweigens brechen und die Komplizenschaft mit dem Unrecht verlassen, dann beginnt das neue Leben. Menschen, die zuvor unsichtbar und vergessen waren, werden selbstbewußt und finden ihre Sprache. Sie stehen für ihre Rechte auf, und dieses Aufstehen, dieser Aufstand ist ein Zeichen der Auferstehung. Ich möchte hier drei Elemente des neuen Lebens beschreiben: die neue Sprache, neue Formen des Lebensstils und neue Kommunitäten.

Wenn befreite Zonen auftauchen, so beginnen

die Menschen eine neue Sprache zu sprechen, in der die alten Wörter »mein« und »dein« ihren Sinn verlieren. Man kann eine ganze Liste von Wörtern machen, die in die Sprache des Unterdrückers gehören und ersetzt werden. Im Juni 1976 haben die Schulkinder in Soweto, Südafrika, gegen ihre Lebensbedingungen protestiert. Die Regierung hatte befohlen, daß der Unterricht an den schwarzen Schulen in Afrikaans stattfinden sollte. Mathematik, Geschichte und Geographie sollten in Afrikaans gegeben werden, eine Sprache, die die schwarzen Lehrer ebensowenig beherrschen wie die schwarzen Gettokinder. In diesen Tagen marschierten 15 000 Schulkinder im Protest durch Soweto. Auf ihren Bannern und Plakaten stand »Do not force Afrikaans down our throats«, »Our teachers can't teach in Afrikaans«, »Afrikaans – the language of the oppressor«.

Ich glaube, wir alle haben die Sprache des Unterdrückers gelernt. Ich habe als Kind Nazideutsch gelernt. Viele meiner nordamerikanischen Freunde sind mit dem kulturellen Imperialismus von Donald Duck aufgezogen worden. Unsere Massenerziehung findet statt im Medium der Werbung, das jede menschliche Regung beschmutzt, weil es die universale Verkäuflichkeit voraussetzt. Zärtlichkeit ist etwas, was die milde Seife einer bestimmten Firma der Haut vermittelt. Wenn jemand vom gesunden Menschen spricht, so ist der machtlos Ausgelieferte gemeint, der sein Denken, seine Gefühle aufgegeben hat. Wir alle sind mit dem Afrikaans der Unterdrücker aufgewachsen, wir haben alle die Sprache der Befreiung erst zu lernen, und wie jedes Lernen, so beginnt auch dieses mit einem Verlernen, einem Freiwerden von der verlogenen Sprache des Kinderfernsehens, der Schule und der Kirchen.

Gott ist in der christlichen Tradition als Liebe definiert, als »eben die Liebe, mit der wir einander lieben«, wie der heilige Augustinus sagt. Aber in der Sprache des Unterdrückers, im Afrikaans der Werbung, die auf uns eintrommelt, ist das Wort Liebe die Definition der Beziehung zwischen einem Menschen und seinem Auto. Und selbst wenn wir dieses Wort in einem größeren Ernst brauchen, so ist es reduziert auf die Beziehung zwischen zwei Menschen, die von der Welt und der Zeit getrennt sind. In unserer korrumpierten Sprache bedeutet es oft nichts anderes als »I am okay, you are okay«, und dieses Mittelklassespielchen wird zunehmend auch theologisch als »Gott« verkauft. Wir sind nur zu einem zerstörten privatistischen Verständnis von Liebe fähig und vergessen, daß Gott die Liebe ist, die, wie Juan Segundo sagt, »die menschliche Gesellschaft in der Geschichte« formt. Die neue Sprache, die ein Zeichen der Auferstehung ist, wird uns lehren, daß Gott »trotz all unserer verdrehten und verzerrten Bilder ein Gott ist, der eine Gesellschaft ist«[1].

In dieser neuen Sprache wird die Existenz des Einzelnen nicht sinnvoll sein *trotz* der Sinnlosigkeit der Geschichte und der Gesellschaft, sondern in Übereinstimmung mit dem Sinn der Geschichte. Der große Pädagoge Pestalozzi sagt zu Beginn des

---

1 Juan Luis Segundo, *Our Idea of God,* 1974, S. 66.

18. Jahrhundert: »Es gibt keinen Gott und es gibt keinen Glauben an Gott, solange das Leiden an der Ungerechtigkeit nicht aufhört.« Wir können über Gott nicht sprechen, solange wir nicht ein Teil der historischen Bewegung, die das Leiden an der Ungerechtigkeit aufhebt, geworden sind. Wir können über Gott nicht sprechen, wenn wir nicht begonnen haben, die Agenten, die Subjekte dieses Gott genannten Prozesses der Veränderung zu werden.

Das Zweite, das ich nennen möchte, ist der neue Lebensstil, der in den Inseln der Auferstehung gelebt wird. Eine wachsende Anzahl von Menschen schließen sich in Gruppen zusammen, die mit der alten Kultur brechen und ihre Standards von Erziehung, Karriere, Einkommen und Lebensstil verneinen. Die einfachste Form der Solidarität mit den Armen ist das, was die französischen Arbeiterpriester in den fünfziger Jahren »presence« nannten: Gegenwärtigsein und das Leben der Unterprivilegierten zu teilen, im Kampf bei ihnen zu sein, nicht »für« sie, sondern mit ihnen zu kämpfen. Die Radikalität Jesu ist ein Vorbild solchen anderen Lebensstils. Er aß und trank mit den Huren, er gab Haus und Arbeitsplatz auf, er entwickelte eine neue Sprache, die mit den Armen gefunden und für sie da war, eine sehr einfache Sprache des Gebets und der Gleichnisse, die aus dem Lebenskontext der Armen, der unbeschäftigten Tagelöhner, Fischer, und Hausfrauen, genommen war. Die Basisgemeinden, wie sie in Lateinamerika und auch in einigen europäischen Ländern entstehen, sind Beispiele für den neuen Lebensstil der Auferstehung. Der Verzicht auf die Privilegien der Mittelklassen gehört zu diesem Stil. Man arbeitet zusammen in Kooperativen, das heißt ohne die spezifischen Formen der entfremdeten Arbeit. Die Gruppen lesen das Evangelium zusammen und entwickeln neue Formen der Spiritualität der Befreiung, die auf der radikalen Identifikation mit den Armen beruht. Der neue Lebensstil, den wir erst suchen, hängt mit dem neuen Verständnis von Hingabe des eigenen Lebens zusammen. Hingabe ist ein spiritueller wie ein politischer Begriff, diese beiden Erfahrungen lassen sich nicht mehr trennen. An der Auferstehung teilhaben bedeutet, daß unser Leben nicht auf das Tote zuläuft, nicht der Anziehungskraft des Todes ausgeliefert ist. Christ sein heißt: Hinter uns liegt der Tod, er wartet nicht mehr auf uns. Auf uns wartet die Liebe, von der wir ein Teil werden. Wie Johannes sagt: »Wir wissen, daß wir aus dem Tod in das Leben gekommen sind; denn wir lieben die Brüder« (1. Johannes 3,14). Das »aus dem Tod« ist eine Beschreibung des gewöhnlichen, des natürlichen Lebens. Wir müssen uns das normale Leben normaler Mittelstandsbürger vorstellen als durchwachsen mit Tod: Es gründet seine Sicherheit auf das tote Kapital, es gewinnt seine geistlosen Freuden am Toten, aus Besitz und Konsum von Totem, seine tiefsten Ängste gehen auf das physische Ende. Besitz, Einkommen, verwertbare Erziehung, Karriere und Sicherheit sollen den Tod verdecken und sind doch nur die Garanten seiner Realität. Von Natur wohnen wir im Tod; erst wenn wir fähig werden zu lieben, sind wir »aus dem Tod in das Leben gekommen« und brauchen die Todessymbole, das Geld, die Karriere, die Macht, nicht mehr zu fürchten und nicht mehr zu lieben. Wenn der Tod hinter uns ist, das heißt die Angst vor dem Tode und die Sucht nach dem Toten, so liegt die Liebe, in die wir hineinwachsen, vor uns.

Ich bin damit beim dritten Kennzeichen von Auferstehung, den neuen Formen der Gemeinschaft. Gemeinschaft aufzubauen, Freunde für die gemeinsame Sache zu gewinnen ist nicht etwas, was arbeitsteilig geregelt werden kann, so daß manche Christen missionarisch arbeiten, andere nicht. Das neue Leben wird nur gelebt als ein geteiltes und ausgebreitetes. Die Auferstehung von Joe Hill wird mit den einfachen Worten beschrieben: »What they forgot to kill, went on to organize.« Jesus schickte seine Freunde los, das Reich Gottes aufzubauen. Er gab ihnen genaue Vorschriften des Verhaltens wie: keine Schuhe zu haben, kein zweites Gewand zum Wechseln, immer zu zweit zu gehen. Die wichtigste organisatorische Vorschrift war die antihierarchische: »Ihr wißt, daß die Fürsten der Völker sie knechten und die Großen über sie Gewalt üben. Unter euch soll es nicht so sein. Sondern wer unter euch groß sein will, muß euer Diener, und wer unter euch der erste sein will, muß aller Knecht sein. Denn der Menschensohn ist nicht gekommen, sich dienen zu lassen, sondern zu dienen und sein Leben hinzugeben als Lösegeld für viele« (Matthäus 20,25 f.). Die Reduktion der Privilegien und der Herrschaft ist ein Kriterium für ein befreites Leben. Jesus wusch seinen Jüngern die Füße, ein anderes Zeichen für die neue Solidarität. Der Wert eines Mitglieds der Gruppe wird nicht nach seinen natürlichen Begabungen oder seiner sozialen Stellung innerhalb der Gruppe bemessen, sondern unter der Frage, wie dieses Glied den Bedürfnissen des Volkes gerecht wird.

Was bedeutet Auferstehung für uns? Es heißt die Sprache der Unterdrücker zu verlernen, es heißt eine Veränderung im Lebensstil und es bedeutet neue Gemeinschaft. All diese Erfahrungen, die Menschen machen, wenn sie sich auf das Kreuz einlassen, sind politische und theologische Veränderungen zur gleichen Zeit. Die Radikalisierung ist nicht teilbar; frömmer werden bedeutet in seiner sozialen Praxis radikaler werden. Politische Radikalisierung bedeutet auch neue Spiritualität. Ich halte es für einen katastrophalen Fehler, wenn wir innerhalb der christlichen Tradition eine Arbeitsteilung zwischen den Kämpfenden und den Betenden, denen, die weltveränderndes Handeln riskieren, und denen, die Kraft und Erneuerung im Gebet und Bibellesen suchen, vollziehen. Der Kampf und die Kontemplation gehören zusammen, eine Arbeitsteilung in diesem zentralen Selbstausdruck des Glaubens ist tödlich, sie macht die Kämpfenden blind und brutal und die Betenden taub für die Schreie außerhalb und sentimental.

Ich will abschließend versuchen zu sagen, inwiefern mich die Radikalisierung des Glaubens geändert hat und was sich an meinem Leben durch das Hineinwachsen in die Bewegung des Widerstands und der Befreiung geändert hat.

Zunächst hat sich mein Verhältnis zu einer Reihe von Menschen geändert. Einige alte Freundschaften zerbrachen, einige Nachbarn hörten auf, micht zu grüßen, einige Kollegen verstummten, wenn ich den Raum betrat. Auf der einen Seite wurde ich einsamer. Jesus Christus befreit und vereint nicht nur, wie die Parole von Nairobi hieß, er trennt auch und schickt uns manchmal auf Wege, die Schmerz und Isolierung, Auseinandersetzung mit der Familie, Entfremdung von der sozialen Umwelt bedeuten. Auf der anderen Seite wurden mir die Augen geöffnet für viele Menschen, die zuvor unsichtbar für mich waren. Ich lernte eine neue Art von Gemeinschaft kennen, die nicht auf Ästhetik, persönliche Vorlieben, Freude am Schönen begründet ist, sondern auf die gemeinsame Sache. In diesem Sinne befreite mich die Radikalisierung von alten Ängsten, weil sie ein neues Netz von Kommunikation herstellte.

Eine zweite Veränderung für mich war mein Verständnis von Geschichte. Ich will einfach an eine Alltagserfahrung anknüpfen, wenn man morgens die Zeitung aufschlägt. Es machte mich immer müde und traurig, ich hatte das Gefühl, daß ich nichts verstand, was hier oder in anderen Teilen der Welt vor sich ging. Diese Hilflosigkeit ist zugleich eine Art Gewissenlosigkeit. Aber im Zuge der Veränderung, die ich beschreiben will, ist diese Form der Ohnmacht und Schwäche auch ein Mangel an Glauben. Es ist eine Kapitulation vor dem objektiven Zynismus unserer Situation. Wenn wir nicht fähig sind, unsere eigene historische Situation zu verstehen, wenn wir die Zeichen der Zeit nicht lesen können, dann sehen wir auch den Sinn des Kampfes nicht ein. Unsere Aktivitäten werden ein bloßes Hin und Her. Wir wissen nicht, warum wir diese oder jene Freundin besuchen, dieses oder jenes TV-Programm sehen, mit unserer Zeit so oder so umgehen. Unsere Arbeit wird dann nutzlose Zeitverschwendung, nützlich nur als Broterwerb. Je mehr ich aber meine Anteilhabe an den sozialen strukturellen Ungerechtigkeiten verstand, um so leichter wurde es für mich, mich nicht mehr hilflos von den Zeitungsnachrichten überschwemmen zu lassen, sondern bewußter zu leben und auszuwählen zwischen den verschiedenen Aktivitäten. Manchmal habe ich bedauert, daß ein Stück absichtsloser Freude, die zur ästhetischen Existenz des Menschen dazugehört, mir verlorenging, aber im Ernst ist mir die Schönheit Christi, wenn ich mich so ausdrücken darf, das heißt die, die das Leiden und den Kampf nicht ausschließt, lieber als die blinde Schönheitssuche einer bürgerlich-ästhetischen Existenz. Die Tradition drückt diesen Sachverhalt übrigens so aus, daß sie die Liebe zur Schönheit mit der Liebe zu Gott verbindet und eine fleckenreine Schönheit, an der die Kämpfe um die Gerechtigkeit keinen Anteil haben, als unvollkommen und begrenzt abweist.

Diese Veränderung meines Verstehens der geschichtlichen Situation bedeutet auch, daß meine Hoffnung stärker wurde. Sie bekam mehr Fleisch und Blut. Ich war froh, wenn ein Streik gewonnen wurde oder ein Volk sich befreite. Ich lernte, die Zeitung im Interesse der Sprachlosen zu lesen und genau hinzuhören, wo immer ihre Stimme sich erhob – in anderen Worten: Gott wurde konkreter für mich. Eine der theologischen Fragen, die mich lange beschäftigt hatten, war die nach dem Verhältnis von Macht und Liebe. Als Frau hatte ich ganz natürlicherweise Schwierigkeiten mit einem mächtigen, ja omnipotenten übernatürlichen Herren, der manchmal auch Vater genannt wurde. Ich hatte kein besonderes Interesse daran, von einem solchen himmlischen Souverän regiert und beschützt zu werden. Die Gottesvorstellung, wie sie mir von den Vätern der christlichen Tradition überliefert war, erschien wesentlich »macho«: ein Mann-Gott nur für Männer. Macht interessierte ihn mehr als alles andere, er wollte angeblich sogar allmächtig sein. Er war konstruiert nach dem Bild des freien Unternehmers, der unabhängig von seinen Arbeitern ist. Seine Titel wie König beleidigten meine demokratischen Gefühle, und der Name »Herr« verletzte meine Solidarität mit denen, die immer unter irgendwelchen Herren zu leben hatten.

Ich brauchte lange Zeit, um diesen Gott loszuwerden, und mein Weg führte mich zu einer nichttheistischen Theologie, in deren Zentrum die Leiden der Liebe Christi standen. In diesem Zusammenhang schrieb ich mein erstes Buch »Stellvertretung. Ein Kapitel Theologie nach dem Tode Gottes«. Der Sohn war mir näher als der Vater, weil er das offenbarte, was der Vater mir nicht mitteilen konnte: Liebe ohne Privilegien, Liebe, die sich selbst entäußert und die Gestalt eines Sklaven annimmt, eines Proletariers, Liebe, die die Hölle dem Himmel vorzieht, solange andere noch dazu verdammt sind, in der Hölle zu sein.

Ich habe versucht, neu über Gott zu sprechen. Es kommt für mich darauf an, nicht nur die sexistische Sprache zu ändern, indem wir die Pronomen Gottes ändern. Auch eine weibliche Bilder- und Sprachwelt kann Herrschaft und falsche Protektion enthalten. Es ist wichtiger, den ererbten substantiellen »machismo« in der Rede von Gott zu überwinden, das bedeutet, das bürgerlich-männliche Ideal nicht zum Herren zu machen. Die Anbetung von Macht, den Wunsch nach absoluter Unabhängigkeit halte ich für theologisch und politisch gleich katastrophal. Wenn heute ein zentrales politisches Ziel für Demokraten darin besteht, die Mitbestimmung der Arbeiter und ihre Selbstkontrolle zu erreichen, wie können wir dann eine Gott-Rede noch ertragen, die auf der Zurückweisung von Demokratisierung und Selbstbestimmung beruht? Wenn Gott seine Macht nicht aufgeben kann, können wir ihm nicht trauen. Wenn er unsere Befreiung und unsere Selbstbestimmung nicht will, dann ist er nicht besser als ein bestenfalls liberaler Kapitalist. Der Gott, den wir brauchen, ist kein privater Eigentümer. Es gibt nur eine Legitimierung von Macht, und das ist, sie mit anderen zu teilen. Macht, die nicht geteilt ist, die in anderen Worten nicht in Liebe verwandelt wird, ist reine Herrschaft und Unterdrückung.

Im Gefängnis der alten Sprache ist Gott wesentlich von uns getrennt, wie Herren von Knechten, Könige von ihren Untertanen, unabhängige Unternehmer von »ihren« Arbeitern. Unsere heutige Aufgabe ist, Befreiung so zu artikulieren, daß sie nicht von oben nach unten geschieht, daß nicht ohnmächtig Objekte dank eines himmlischen Eingriffs in eine andere Lage versetzt werden. Niemand kann für einen Menschen auferstehen, auch Christus steht nicht »für uns« auf, sondern als der erste unter vielen Brüdern und Schwestern.

Es gibt Zeiten, in denen wir nichts von seiner Auferstehung spüren, Zeiten des Schmerzes und der Tortur, Zeiten der vielen Kreuze. Laßt uns trotzdem nicht zu denen gehören, die die Nachricht von der Auferstehung unterdrücken oder sich selbst nicht mehr glauben. In den Zeiten der vielen Kreuze sollen wir weitererzählen, was wir gehört und verstanden haben. Wir sollen so sprechen, daß Christus vermißt wird, daß er auch als Verschwundener anwesend ist[2]. Wir sollen unseren Schmerz sagen, wenn wir seinen Sieg nicht wahrnehmen, und unsere Sehnsucht. Aber vermißt sein ist auch eine Art dazusein. Verschwundensein ist eine Weise dazusein. Laßt uns dem Tod keinen Zentimeter mehr Macht einräumen als er schon hat. Laßt uns vom Wiederfinden des Verschwundenen, vom Sattwerden der Hungernden und von der Auferstehung von den Toten sprechen.

In Auschwitz gab es von September 1943 bis Juli 1944 ein Familienlager, in dem Kinder lebten, die aus Theresienstadt überführt waren und – zur Irreführung der Weltöffentlichkeit – Postkarten schrieben. In diesem Lager wurde, und jetzt kommt eine Auferstehungsgeschichte, in verschiedenen Formen Erziehung betrieben. Kinder, die bereits fürs Gas bestimmt waren, lernten Französisch, Mathematik, Musik. Die Erziehenden arbeiteten in

---

[2] In Argentinien sind seit dem Militärputsch vom 24. März 1976 nach vorsichtigen Schätzungen 15 000 Menschen verschwunden.

vollem Bewußtsein der ausweglosen Situation. Selber weltlos, brachten sie die Erkenntnis von Welt bei. Selber vernichtet, lehrten sie das Nicht-Vernichten, das Leben. Selber entwürdigt, stellten sie die Würde des Menschen wieder her. Es mag einer sagen: »Es hat ihnen nichts genützt«. Aber so sprechen die Heiden. Laßt uns lieber sagen, es macht einen Unterschied. Gott, laßt uns ganz diesseitig sagen, macht einen Unterschied.

6. Der argentinische Kontext

Vom 9. bis zum 16. September 1979 war ich in Buenos Aires, um an der dortigen Evangelischen Fakultät Vorlesungen zu halten[1]. Eine Woche lang lebte und diskutierte ich mit den Studenten und Dozenten der Facultad de Teologia, die von acht evangelischen Kirchen in Lateinamerika getragen wird. Zu eben dieser Zeit besuchte die Interamerikanische Kommission für die Menschenrechte (CIDH), die der Organisation Amerikanischer

---

1 Dieser Bericht erschien unter dem Titel »Fußball und Folter wie gehabt« in: *Junge Kirche, Eine Zeitschrift europäischer Christen*, Dezember 1979.

Staaten angehört, zum ersten Mal Argentinien, um sich an Ort und Stelle über Verschwundene und Ermordete, Gefängnisse und Konzentrationslager, Folterzentren und Polizeiterror zu erkundigen. Daß die Kommission kam, stellt ein Stück Widerstand dar; zum ersten Mal war die argentinische Presse (nicht nur der englischsprachige »Herald«) täglich ausführlich mit dem Thema der Menschenrechte beschäftigt.

Es gibt in Argentinien drei Gruppen von Menschenrechtlern: Die älteste ist die »Liga für die Rechte des Menschen«, die hauptsächlich von Kommunisten geführt wird; das »Movimento Ecuménico« ist eine von den Kirchen getragene Gruppe, in der auch die ehemalige deutsche La-Plata-Synode (EKaLP) mitarbeitet; die größte Gruppe ist die »Asamblea Permanente por los Derechos Humanos« (APDH), in der Juden, Katholiken, Protestanten und Vertreter aller politischen Parteien zusammenarbeiten. Mitglieder dieser Gruppe haben das Material für die Interamerikanische Kommission zusammengestellt, haben Zeugenaussagen, Listen und Zeitungsausschnitte gesammelt, mit deren Hilfe beweisbar ist, daß Menschen, die angeblich in offenen Gefechten zwischen der Polizei und subversiven Gruppen gefallen sind, in Wirklichkeit schon Monate zuvor in den Händen der Kidnapper waren. »Sprechen Sie über den Doppelaspekt«, sagte mir ein Vertreter der »Asamblea Permanente« mit Nachdruck, »sagen Sie, was die Repression dem argentinischen Volk antut, aber auch, was die Leute dagegen tun.« Beides will ich hier versuchen. Alle Geschichten, die ich weitererzähle, habe ich von Beteiligten oder Zeugen gehört; es versteht sich von selbst, daß ich die Namen der Betroffenen, der Gewährsleute und der Orte nicht identifiziere.

Bis zum März 1977 hat die Polizei noch Informationen über Verhaftete ausgegeben, seit diesem Zeitpunkt nicht mehr. Ein früherer Student von mir stellte mir seine Schwester vor. Ihr Mann wurde an einem Freitagabend von der Polizei in seinem Haus verhört. Am Montagmorgen wollte er zur Arbeit gehen. Sie sagte: »Bleib doch zu Hause, dann sind wir zusammen.« Er meinte, er habe nichts Unrechtes oder Subversives getan, deshalb müsse er seine Pflicht erfüllen und zur Arbeit gehen. »Er war Peronist«, fügte Ernestos Schwester hinzu. So gingen die Tochter zur Schule, der Sohn zur Arbeit, die Mutter ins Büro, und der Vater verließ ebenfalls das Haus. Das war vor zwei Jahren. Sie haben ihn nie wiedergesehen.

Die Frau, die mir das erzählte, gehört zu den 5580 Personen, die einen Antrag im Sinne der Habeas-Corpus-Akte gestellt haben. Man muß aber davon ausgehen, daß die Zahl der Verschwundenen weit größer ist, denn alle ihre Angehörigen werden bedroht: »Unternehmen Sie nichts, falls Sie Ihren Mann wiedersehen wollen!« Dieser Terror des Schweigens ist eine wichtige Strategie der Staatsterroristen. Ihm werden auch die Verschwundenen ausgesetzt. Manche rufen zu Hause an und sagen: »Bitte keine Nachfragen, es geht mir den Umständen entsprechend gut, sprecht mit niemandem!« Auch von den wenigen, die wieder auftauchen, sind viele nicht bereit zu erzählen, in welchen

Lagern sie festgehalten wurden. Sie ziehen es vor, über erlittene Folter zu schweigen.

Ein ungarischer Pastor kannte einen Colonel bei der Polizei. Als zwei Freunde von ihm verschwanden, bat er diesen Offizier, sie ausfindig zu machen. Es gelang; den Gefangenen wurde mitgeteilt, sie hätten das Land zu verlassen. Einer der beiden, ein Jesuit, fand sich in einem Sumpfgebiet in der Nähe des La Plata wieder. Er nimmt an, daß man ihn besinnungslos gespritzt und dann aus einem Hubschrauber geworfen hat. Erst nach stundenlangem Warten konnte er sich wieder bewegen und aus dem Sumpfgebiet entkommen. Er rief seinen ungarischen Freund an, bekam einen Paß und verließ das Land. Über die erlittene Folter wollte er nicht sprechen. »Wenn das bei Ihnen passierte«, sagte uns ein Vertreter der Asamblea, »so würden Sie einen Computer benutzen, um die Zahl und Art der Fälle zu erfassen.« Mitte August 1979 wurden die Büros der Menschenrechtsgruppen von der Polizei durchsucht. Der Vorwand des Richters, der diese Untersuchung und Beschlagnahmung von Akten angeordnet hatte: bei einem Habeas-Corpus-Verfahren seien Widersprüche aufgetreten. Aber nach der Untersuchung gab der Richter die Akten weder an die Eigentümer zurück noch an die Polizei; er schickte sie der Armee zu. Die Asamblea überlegt, eine Jury zur Überprüfung dieses Richters einzuberufen.

Daß diese Ereignisse gerade vor der Ankunft der Interamerikanischen Kommission stattfanden, ist kein Zufall. Die Arbeit der nationalen Gruppen für die Menschenrechte soll erschwert werden, die

Familien der Verschwundenen will man einschüchtern, und man hoffte, die Abgesandten der Organisation Amerikanischer Staaten dahin zu bringen, ihren Besuch vorzeitig abzusagen. Die Kommission ließ sich jedoch nicht abhalten. Sie sprach mit General Videla, besuchte verschiedene Gefängnisse und nahm sofort Kontakt auf zu der »Asamblea Permanente«, die sich somit aufgewertet und bestätigt fühlte.

Die Bereitwilligkeit des Regimes, Nachforschungen solcher Art zuzulassen, ist ein Teil der widersprüchlichen argentinischen Wirklichkeit. Ein Angehöriger der deutschen Botschaft versicherte mir, daß alles nicht mehr so schlimm sei... Ist Argentinien auf dem Weg zu einer Redemokratisierung? Manche glauben das. Doch die Fakten sprechen nicht dafür. Herr Cox vom »Buenos Aires Herald«, einer Zeitung, die mit Mut und beharrlicher Genauigkeit seit Jahren über die Verletzungen der Menschenrechte berichtet, erzählte mir, wieder seien zwei Menschen verschwunden. Die Angehörigen hatten darum gebeten, die Namen nicht zu nennen. Journalistisch und rechtlich ist das eine nicht verwertbare Meldung. Keine Zeitung, keine Menschenrechtskommission und auch die Regierung können damit etwas anfangen. Es ist eine Nicht-Nachricht über Unpersonen aus dem argentinischen Alltag. Zwei Tage später veröffentlichte der »Herald« auf der ersten Seite eine Nachricht über das Verschwinden einer ganzen Familie mit drei kleinen Töchtern. Das geschah sozusagen unter den Augen der Internationalen Kommission.

Die Regierung versucht, der Öffentlichkeit im

In- und Ausland Sand in die Augen zu streuen. Das geschieht zur Zeit mit drei Mitteln, die anfangs noch nicht aufeinander abgestimmt waren: mit Propaganda, mit neuer Gesetzesbildung und mit dem verschärften Terror des Schweigens. Wohlmeinende Bürger glauben in der Tat, es sei alles etwas besser geworden. Aber in Wirklichkeit tritt die Unterdrückung nur in ein anderes Stadium, die Repression arbeitet mit Werbefachleuten, Philosophen und Juristen zusammen, die das Menschenfressergesicht der Staatsmacht pudern und schminken.

Alle Busse und viele Schaufenster tragen einen freundlichen weißblauen Aufkleber: »Los Argentinos somos derechos y humanos – wir Argentinier sind rechtschaffen und menschlich.« Diese Aufkleber tauchten zugleich mit der Menschenrechtskommission auf. Das war sehr geschickt. Propagiert wird, daß da irgendwelche Ausländer kommen und behaupten, die Argentinier seien nicht rechtlich gesonnen und nicht menschlich. In Wirklichkeit, so wird suggeriert, »lieben wir doch den Fußball und haben nun endlich Ordnung in unserem Land geschaffen«.

Ein anderes Element der Propaganda hat mit Geopolitik zu tun: Es soll ein Bewußtsein des nationalen Territoriums erzeugt werden. Mitten auf der Hauptstraße in Buenos Aires kann man Nachbildungen von Grenzpfählen sehen. »Marschieren wir zu den Grenzen!« steht darauf. Man spricht gern über die Grenzgebiete, in denen natürlich Soldaten sein müssen. Schulklassen sammeln für die armen Grenzbewohner. Es werden Siedlungspläne für

Argentinier in den Grenzgebieten aufgestellt, sie sollen »argentinisiert« werden. Militär und Polizei, die zu unterscheiden für den Bürger immer unmöglicher wird, sind nicht nur für den Grenzfall da, sie stellen nicht eine Notregelung dar, sondern sie sind es, die das Gemeinwesen repräsentieren. Feinde, wenn nicht sichtbar vorhanden, müssen gemacht werden: Die Chilenen bedrohen angeblich die Argentinier. Geopolitik ist eine Vorbereitung auf die Ideologie der nationalen Sicherheit, der alles unterzuordnen ist. »Wir leben unter einer neuen Religion des Staates«, sagte mir ein Theologiestudent.

Alle Professoren und Assistenten der Universität müssen sich jede Woche zwei Stunden lang von Militärs schulen lassen, die ihnen Geopolitik beibringen. In den Schulen ist jede Art von kritischem Denken unerwünscht. Autoren, die dies befördern könnten, sind durch andere ersetzt worden, von denen man dies nicht befürchtet. Für die Sekundarstufe I ist ein neues Pflichtfach eingeführt worden, das unter dem Titel »formación moral y cívica« die Schüler an die herrschende Staatslehre anpassen soll. Die Verfassung wird dort Wort für Wort gelesen, gelegentlich allerdings unter schallendem Gelächter der Jugendlichen. Die Staatsreligion vermischt sich mit thomistischen Resten. Offiziell hat der Unterricht zwar nichts mit Religion zu tun, »Gott« wird aber als ein Teil der natürlichen Ordnung angesehen. Wer an ihm zweifelt, ist auf dem Weg zur Subversion.

Während der peronistischen Ära gab es Lernmaterialien nach der Methode Paulo Freires. Die

Schüler, oft Erwachsene, lernten zum Beispiel das Wort »Milch« buchstabieren und schreiben, indem sie über die Herkunft, den gesundheitlichen Wert, die Verteilung, den Preis und den Mangel an Milch diskutierten. Eine junge Lehrerin, die früher mit diesem Material gearbeitet hatte, brachte es kürzlich zu Bekannten von mir; sie könne das doch nicht mehr gebrauchen, und es sei ihr zu gefährlich, »subversives Material« in der eigenen Wohnung zu haben.

Alle nichtkatholischen Religionsgemeinschaften mußten sich nach dem Militärputsch von 1976 neu registrieren lassen. Ein General nannte unter den subversiven Institutionen neben dem »Marxismus-Leninismus-Judaismus« auch die Religion. Ein fünfzehnjähriges Mädchen, protestantisch, weigerte sich, beim Schulfest das Bild der heiligen Anna zu tragen. Sie wurde für zwei Jahre von jeder Schule des Landes verwiesen. Später erfuhr ich, daß dieser Fall revidiert wurde und sie an einem anderen Ort, entfernt vom Elternhaus, wieder zur Schule gehen durfte.

Propaganda ist auch am Werk, wenn die Sprache umfunktioniert werden muß. Nachdenken wird Subversion genannt, Hilfsbereitschaft Sympathisantentum, der Friede wird als Krieg dargestellt: »Wir befinden uns in einem schmutzigen Krieg«, so heißt es in regierungsoffiziellen Verlautbarungen. Ein Priester, der in einem Elendsviertel, einer villa miserias, arbeitet, sagte mir: »Was hier geschieht, nennt man offiziell städtischen Wiederaufbau, wir nennen es ›eradicación‹. Sie machen es mit Terror: Sie gehen durch das Viertel und sagen den Bewohnern: Ihr müßt hier raus. Sie zerschneiden die Lichtleitung, sie entziehen den Lebensmittelhändlern die Lizenzen. Diese ziehen dann als erste fort, meist haben sie anderswo ein Grundstück. Dann folgen andere, die etwas gespart hatten und einen Bauplatz in einem anderen Slum kaufen konnten. Alleinstehende Frauen und Kinder sind die letzten, die fliehen. Das Leben hier stirbt: Früher wurden hier sonntags Fußballspiele ausgetragen, wir hatten Jugendclubs, es wurden Feste gefeiert.« – Ich fragte, was mit den Leuten geschieht, die dieser Aktion zum Opfer fallen. Er zuckte die Achseln. Es sind Zehntausende, deren Habe und minimaler Besitz bei jedem »Umzug« weniger wird. Zur gleichen Zeit nimmt Argentinien großzügig Hunderte von vietnamesischen Flüchtlingen ins Land, während man die Slumbewohner häufig einfach in Lastwagen lädt und sie über die Grenze nach Bolivien zurücktransportiert. Diese Bolivianer und andere werden nach einigen Monaten wieder da sein, in einem anderen Elendsviertel, sie kommen einfach, weil es dort Arbeit gibt, wenn auch zu Löhnen, die weit unter dem Existenzminimum liegen.

In einer Buchhandlung frage ich nach Gedichten von Juan Gelman, die ich in deutscher Übersetzung kenne (»So arbeitet die Hoffnung«, Lyrik des argentinischen Widerstands, herausgegeben und aus dem Spanischen übersetzt von Wolfgang Heuer). Der junge Buchhändler schüttelt lächelnd den Kopf. Ich sage ihm, wie sehr ich Gelmans Poesie liebe. Da geht er in den hinteren Raum seines Ladens und kommt mit zwei Büchern von Gelman zurück, die noch aus der Zeit vor dem Exil stammen. In der Tat: »So arbeitet die Hoffnung«, und nichts hat mich so an meine Kindheit in Nazideutschland erinnert wie diese Begebenheit.

Ein weiteres Mittel der inneren Repression ist neue Gesetzesbildung. Am 12. September 1979 trat ein Gesetz in Kraft, das es einem Richter erlaubt, einen Verschwundenen nach einem Jahr für tot zu erklären. Der Antrag dafür kann von den Angehörigen oder vom Staat ausgehen. Dieses Gesetz ist rückwirkend ab dem Jahre 1974 gültig. Wird bei einer Frist von 90 Tagen kein Einspruch laut, so gilt der Verschwundene von nun an als tot. Wir diskutierten über die Vor- und Nachteile des Gesetzes mit einem Journalisten des »Herald«. Er berichtete von einer Frau, deren Mann seit drei Jahren verschwunden ist. Nach argentinischem Recht dürfen Kinder das Land nicht ohne schriftliche Einwilligung des Vaters verlassen, sie können nicht einmal zu einem Ferienbesuch über den Fluß nach Uruguay fahren. Die junge Frau sagte, sie werde zwar weiter nach ihrem Mann suchen, aber das Gesetz erlaube ihr und ihren Kindern mehr Bewegungsfreiheit.

Die Junta hat sich außerordentlich widersprüchlich zu dem Gesetz geäußert. Einmal hieß es, die Menschenrechtsgruppen hätten ein derartiges Gesetz verlangt. Alle drei Gruppen legten schärfsten Widerspruch ein. Noch wenige Tage vor Inkrafttreten des Gesetzes versicherte ein Regierungssprecher der Interamerikanischen Kommission, es sei gar nicht daran gedacht, ein solches Gesetz zu verabschieden. Es ist klar, daß das Verschwinden von vielen Tausenden juristische, vermögens- und versorgungsrechtliche Probleme aufwirft. Die Polizei hat in vielen Fällen Häuser nicht nur geplündert, sondern sie auch an andere Personen überschrieben. Auch diese Übergriffe wurden der Regierung angezeigt. Aber es ist naiv, anzunehmen, das Gesetz solle den Menschen in ihren Schwierigkeiten helfen. Das politische Interesse der Junta an diesem Gesetz ist ein ganz anderes: Die Verschwundenen sollen endlich vergessen werden. Man will die Vergangenheit begraben – per Gesetz. Die Zukunft soll ohne die Verschwundenen, nach dem langen »schmutzigen Krieg gegen die Subversion«, vorbereitet werden. Juristisch gesehen ist der springende Punkt die Macht des Richters; nicht nur die Angehörigen, sondern auch die Staatsmacht in Gestalt des Richters kann ja die Toterklärung verlangen. Das ist einmalig in der Geschichte der Rechtsprechung und in der Tat eine neue Art von Endlösung. Cardinal Arns von São Paulo nannte das Gesetz eines, »bei dem die Richter zu Komplizen und Erfüllungsgehilfen der Mörder werden«.

Nicht immer schlagen gesetzliche Regelungen durch, Gott sei Dank! Die argentinischen Gewerkschaften sind nach dem Militärputsch von 1976 aufgelöst worden. Damals waren 80 Prozent der Industriearbeiter in den Gewerkschaften. Man wollte sie dadurch einschüchtern, daß man verlangte, sie sollten sich bei dem jeweiligen Fabrikmanagement neu einschreiben lassen. Dieser Einschüchterungsversuch wurde unterlaufen: Es schrieben sich 85 Prozent der Arbeiter ein. Es gibt Spuren des Widerstands gegen den Terror, kleine Zeichen gegen die Übermacht.

»Seid ihr jetzt auch unter die Kommunisten gegangen?« fragte der Lebensmittelhändler das gutbürgerliche Ehepaar, das er seit 17 Jahren bedient. Mein Freund antwortete: »Jesus Christus wurde nicht in einem Sheratonhotel geboren, sondern in einem kleinen Stall. Die Frau, die bei uns zu Besuch ist mit ihrem kleinen Kind, hat kein Obdach. Es ist uns egal, was sie denkt. Sie braucht Hilfe.« Der Kaufmann hörte aufmerksam zu und nickte. Er wird nichts dagegen unternehmen.

Es gehört viel Mut dazu, sich nicht vom Terror einschüchtern zu lassen. Die Schlange der Leute, die ihre Bittschrift an die Menschenrechtskommission abgeben wollten, war eine Demonstration dieses Mutes. Tagelang standen die Menschen in Fünferreihen an, vier Blocks lang ging der Zug der Angehörigen: eine bewegende Demonstration für das Leben derer, die man als tot erklären will. Die Geheimpolizei fotografierte die Demonstranten, es gab Anpöbelungsversuche durch Passanten und Provokationen durch geheime Agenten. Aber es gab auch Zeichen der Anteilnahme und des Interesses von Leuten, die wissen wollten, was da vor sich geht.

Das Klima des Terrors ist allgegenwärtig. Die Mutter einer Freundin erzählte mir, daß sie von einer nordamerikanischen Gruppe aufgefordert wurde, Gefangene in dem berüchtigten Gefängnis in Villa Devoto zu besuchen. Sie war dazu bereit, aber ihre Töchter bedrängten sie: »Du hast sieben Enkelkinder hier im Land!« – »Ich habe es nicht getan«, sagte sie zweifelnd, »war das falsch?«

Es gibt Geschichten vom Widerstand, vom unterlassenen Widerstand und vom Zerbrochenwerden. »Wir hatten Freunde«, so erzählte mir eine Dame, »ordentliche Leute, zur evangelischen Gemeinde gehörend, sie hatten drei Töchter. Die beiden älteren Mädchen arbeiteten in einem Elendsviertel, sie waren sehr idealistisch, wissen Sie, siebzehn und achtzehn Jahre alt. Sie schlossen sich einer dieser Gruppen an, Sie wissen schon. Eines Nachts gegen drei Uhr kommt die Geheimpolizei, um beide abzuholen. Die Ältere schreit, sie will nicht gefoltert werden, nimmt eine Tablette und begeht Selbstmord. Die Jüngere wird mitgenommen, seitdem ist sie verschwunden. Denken Sie an die Eltern: eine Tochter tot, eine verschwunden, die kleine lebt noch.«

Die Folter bei Vernehmungen ist die allgemeine Regel, nicht die Ausnahme. Es werden Methoden angewandt, die keine Spuren hinterlassen. Don Jaime Smirgelt von der Asamblea Permanente berichtet, es gäbe keine einzige Person, die nicht gefoltert würde. Die Armee, die Marine, die Luftwaffe und die Polizeistationen haben ihre Methoden verfeinert. Es handelt sich, wie ein NATO-General bemerkte, um eine Kombination aus dem, was die französische OAS in Algerien und was der CIA in Vietnam getan hat. Man nimmt den Gefangenen die Kleider weg und stellt sie, im Winter, 15 Minuten unter eine kalte Dusche. Danach müssen sie sich auf den Zellenfußboden legen und werden geschlagen. Blutergüsse, also Spuren, treten bei dieser Methode nicht auf. Die Gefangenen bekommen 20 bis 100 Schläge auf die Fersen. Viele sind unter diesem Folterprozeß gestorben.

Die Legitimierung des Terrors von seiten der Regierung wird in der Behauptung vom schmutzigen Krieg gegen die Subversion, gegen die extreme Linke, gegen die Monteneros, gegen die Terroristen gesucht. Ich sah in der Zeitung eine regimefreundliche Anzeige gegen den Terror von links, der von dreihundert Angehörigen von Opfern unterzeichnet war. Es wurde hervorgehoben, daß damals vor der Militärdiktatur niemand auf der Straße sicher sein konnte vor Bomben und Explosionen. Nach den höchsten Schätzungen hat der Terror dieser Gruppen etwa tausend Menschen das Leben gekostet; vor allem Prominente waren gefährdet: Wirtschaftsführer, Polizeichefs, Militärs und Politiker. Die jetzige Regierung stellt bedauernd fest, daß dieser Terror der Subversion sie eben auch dazu gezwungen habe, schmutzige Mittel zu benutzen. Jetzt aber, so wird in der Anzeige betont, seien endlich Frieden und Ordnung wieder eingekehrt.

Diese Erklärung der Lage reicht aber nicht aus. Sie ist widersprüchlich, weil nach dieser Vergeltungslogik der Terror des Staates ja schon lange aufgehört haben müßte. Propaganda und Gesetze allein stellen offenbar nicht genug Repression her. Für den Terror des Staates und die fortgesetzte systematische Tortur müssen andere Erklärungen herangezogen werden. Hier handelt es sich nicht nur um die Exzesse einiger verrücktgewordener Sadisten, sondern es kommen wirtschaftliche Notwendigkeiten ins Spiel. Was sind die ökonomischen Grundlagen der Unterdrückung? Seit dem Militärputsch sind die Löhne praktisch mindestens um die Hälfte gesunken. Sowohl die Gewerkschaften wie auch der nationale Interessenverband der Industrieunternehmer wurden aufgelöst; als isolierte, lokalisierte Gruppen sind die Gewerkschaften praktisch entmachtet. Nach Meinung des Wirtschaftsministers Martin de Hoz funktioniert die National-Industrie nicht effizient genug. Die Leute, so behauptet er, arbeiten einfach nicht hart genug und müssen daher dem internationalen Wettbewerb ausgesetzt werden, um sich an ihn anzugleichen.

Diese Wirtschaftspolitik ist im Alltag sinnlich wahrnehmbar. Überall in den Läden sieht man Reklame mit der einzigen verbleibenden Qualitätsdefinition: Import. Alle Importbeschränkungen sind weggefallen, um die nationale Industrie wettbewerbsfähig zu machen. Nach der Meinung der Wirtschaftsführer, die sich auf Milton Friedman, Chicago, berufen, gibt es keinen ausreichenden Inlandsmarkt. Die Liberalisierung der Importe führt praktisch zur Zerschlagung des industriellen Sektors. Ein Gewerkschaftsführer sprach davon, daß hier die Arbeit von vier Generationen der Mittelklasse zerstört werde. Wenn die kleineren Firmen zusammenbrechen, kaufen die multinationalen Konzerne die bankrotten Firmen auf.

Für all diese Manöver ist die Zerschlagung der organisierten Arbeiterschaft notwendig. Schon um die Löhne der seit Generationen organisierten Arbeiter zu halbieren, braucht man Terror. Es hat in Argentinien in den letzten Jahren immer wieder wilde Streiks, Langsamarbeit, Arbeitsniederlegungen gegeben. Anfang Juni 1979 legte ein Eisenbahnerstreik das gesamte Verkehrssystem um Buenos Aires lahm. Es gibt Widerstand, daher muß es

Terror geben. Nach den Plänen des Wirtschaftsministers soll Argentinien die Rolle spielen, die in der von der trilateralen Kommission erarbeiteten internationalen Arbeitsteilung vorgesehen ist. Es soll eine Agrarproduktion entwickeln, die fortgeschritten genug ist, um an das internationale agribusiness angeschlossen zu werden. Der Wirtschaftsminister plant eine verstärkte ökonomische Konzentration und Monopolisierung der Industrie; die multinationalen Konzerne sollen bei Krediten und in der Investmentpolitik bevorzugt werden. Im Finanzwesen soll die Abhängigkeit von der Weltbank und dem International Monetary Fund (IMF), dessen Entscheidungsgremien von den USA beherrscht werden, größer werden. Auf dem Hintergrund dieses Wirtschaftsplanes, der die lokale Industrie vom Tisch wischt und die Geschichte des Landes um 50 Jahre zurückwirft, ist die gegenwärtige Repression zu sehen. Das Denkverbot und die Verfolgung von Psychiatern und Rechtsanwälten, die sich widersetzen, sind nicht der einzige Ausdruck der Verhöhnung der Menschenrechte. Eine organisierte Arbeiterklasse kann nicht geduldet werden: Die mittlere Führungsschicht der Arbeiterbewegung ist liquidiert' worden. Man hat zwar – etwas anders als in Chile – einige Bosse der Gewerkschaften und linken Parteien geschont, aber nur, um auf der Ebene darunter um so kräftiger zuzuschlagen. Die Sowjetunion ist ein wichtiger Handelspartner für Argentinien, sie rührt keinen Finger für die dort arbeitenden Menschen.

Eine junge Lehrerin arbeitete in einer villa miserias, einem Elendsviertel, und bekam Schulmaterial geschenkt: Hefte, Bleistifte, Bücher. Manchmal fand sie, eingelegt in ein Heft, einen Geldschein, den sie für weiteres Material für die Kinder verwandte. Sie wurde abgeholt und mit der Begründung, die Schule sei von den Monteneros unterstützt worden, zu acht Jahren Gefängnis verurteilt.

In den Tagen, da die übermüdeten Mitglieder der CIDH die Angehörigen der Verschwundenen empfingen, da andere Leute verschwanden und gefoltert wurden, diskutierten wir in der Fakultät über den Glauben als Kampf gegen objektiven Zynismus. Unter diesem Stichwort versuchte ich die Situation in der ersten Welt zu beschreiben. Es wird aufgenommen und verschärft: »Der objektive Zynismus ist hier organisiert«, sagt ein Student. »Sie haben eine sehr klare und effektive Strategie. Was haben wir?, ist die Frage. Was sind die Kosten der Jüngerschaft Jesu?« »Terror für mich«, sagt einer, »das ist die lähmende Angst. Schon wenn wir fragen: Was hat der Verschwundene getan?, fangen wir an, den Terror zu rechtfertigen.« Ein anderer: »Es herrscht eine große Schizophrenie. Wir erfüllen nicht, was wir predigen. Man braucht sehr viel Glauben, um zu meinen, daß die 10 000 Verschwundenen recht haben.« Wieder ein anderer: »Wir leben unter dem Kreuz, wir werden gekreuzigt, und wir decken uns zu mit der Freude des Fußballs.« – »Es ist eine Zeit der Buße, nicht des Widerstands«, sagt ein Pfarrer. »Wir haben kollaboriert, wir waren nicht von Christus motiviert. Es ist Zeit, daß die Kirche die Kirche ist, daß sie gegen Lügen und Gewalt ein prophetisches Wort spricht.« – Ein Professor sagt: »Widerstand ist das Ethos der europäischen Theologie, aber gebunden an eine bestimmte historische Situation, am Ende eines langen historischen Projekts, das veraltet ist. Das Neue Testament spricht nicht nur vom Kreuz, sondern aus einer Sicherheit der Überwindung (trionfo) über das, was Christus tat und lebte. Der Aufbau neuer kirchlicher Strukturen ist entscheidend, die Befreiungstheologie hat eine Konversion zum Pastoralen erfahren.«

Wenn ich versuche, die Stichworte dieser theologischen Gespräche in Argentinien zu ordnen, so ergeben sich zwei Tendenzen. Die einen sagen: »Unsere Analyse war unzureichend. Im Jahre 1966 war Befreiungstheologie noch das Thema. Aber als ich von den gefolterten Jugendlichen, die man ins Meer geworfen hat, hörte, fragte ich mich: Was ist geschehen? War unsere Theorie falsch? Wir haben die Realität nicht in Händen. Die Instrumente der Analyse waren unzureichend, wir haben den ganzen Christus, den totalen Christus, nicht erreicht. Die Analyse blieb zu allgemein und desinteressiert am einzelnen Individuum.« Die anderen, meist ältere Studenten, sagen: »Die Instrumente der Analyse müssen mit denen Christi übereinstimmen. Die Versuche, vom totalen und integralen Christus auszugehen, sind falsch. Das historische Subjekt unserer Kirchen ist die Mittelklasse, und wir treiben Theologie als Mittelklasse, aber die Frage ist, für wen wir sie treiben, ob wir mit den Armen sind und von ihnen ausgehen.« Dabei erinnerte ich mich an das Gespräch mit dem Priester im Elendsviertel, der selber nur einen Fall von Verschwinden berichtete; aber die, die mit ihm zusammenarbeiteten,

Sozialarbeiter, Lehrer, Priester, Ärzte, Anwälte, Jugendliche – von ihnen ist kaum einer mehr da. Verschwunden, gefoltert, verurteilt, emigriert. Diese Beobachtung stimmt mit denen aus Gewerkschaftskreisen überein. Vorsichtig, mit Vorbehalten formuliert, kann man sagen, daß es der bewußte Teil der unteren Mittelschicht ist, die von der Repression als Helfershelfer liquidiert werden. Aber was sagt das für die Mehrzahl der protestantischen Kirchen, etwa für die deutschsprachigen Gemeinden, über die ein Student verzweifelt ausrief: »Sie wollen sich nicht verändern! Eine Basisgemeinde ist eine, die sich im Widerstand gründet, gegen eine entfremdete, entpersönlichte Welt. Nicht unsere Analyse ist falsch, sondern unsere Praxis, die an bestimmte Gemeindestrukturen gebunden ist.«

So waren wir wieder auf der Suche nach einer neuen Kirche, nach ihrem historischen Subjekt, auch wenn wir ihr historisches Projekt etwas klarer zu erkennen glaubten. Ein anderes Stichwort der Diskussion war das von »Vater und Mutter unser im Himmel«. In einer Kultur des selbstverständlichen und tief im Unbewußten verankerten machismo, einer Kultur des männischen Mannes, dessen Beziehungen zu Frauen auf Überlegenheitsgefühlen, Herrschaft und Unterwerfung aufgebaut sind, rief diese Diskussion einer feministischen Theologie, einer, die von Frauen für Frauen gemacht wird, natürlich Betroffenheit hervor.

»Gott braucht die Theologie nicht«, sagte ein Student. »Aber wir brauchen die Reflexion, die uns hilft, den Glauben zu leben.« Kann diese Reflexion ohne die Erfahrung des Widerstands sein? »Der Kampf ist der große Lehrer«, sagte Che Guevara, der nach Meinung einiger Theologen ins »Alte« Testament gehört. Falls das stimmt, dann leben viele Christen heute im »Alten« Testament, im Widerstand, im Leiden in der Hoffnung.

Eine Geschichte aus Chile: Ein presbyterianischer Geistlicher aus dem Süden von Chile verteilte Lebensmittel, die er von nordamerikanischen Freunden bekommen hatte. Er wurde verhaftet und nach Santiago in das Gefängnis Los Alamas gebracht. Es lebten dort 150 Männer in einem Raum von der Größe einer Seminarbibliothek. Er übernahm die Rolle eines Hauskaplans und hielt täglich Bibelstunden und Andachten für seine Mitgefangenen, meistens Sozialisten. Er habe noch nie eine solche Gemeinde gehabt, sagte er. Als er entlassen wurde, schrieben die Mitgefangenen ihre Namen mit abgebrannten Streichhölzern auf seinen Rücken. Es war November und warm, er kam ohne Leibesvisitation heraus und ging zum Friedenskomitee. Die meisten Namen derer, die als verschwunden galten, waren noch zu lesen.

Die Namen tauchen auf, auf dem Rücken eines Gefangenen, mit Streichhölzern geschrieben. Die Stunde des Schweigens ist zu Ende, sagte uns Don Jaime Smirgelt. Zum ersten Mal haben sich politische Parteien in Argentinien, die peronistische und die radikale, mit der Sache der Menschenrechte indentifiziert. Das sind Zeichen der Hoffnung, die von der Drohung der Folter, vom Terror des Schweigens und auch vom sanften Terror der Vergeßlichkeit nicht ausgelöscht werden können.

Von Dorothee Sölle sind u. a. erschienen:

lieben und arbeiten
Eine Theologie der Schöpfung
212 Seiten, kartoniert

Der Schriftsteller Kurt Marti hat Dorothee Sölle einmal »die Mutmacherin« genannt. Wie recht er damit hat, wird in dem genannten Buch deutlich, das ein neues Verständnis von Gott und der Schöpfung, von Liebe und Arbeit entfaltet. Verbundenheit, nicht Unterwerfung, muß unsere Beziehung zu Gott charakterisieren; dann können wir seine Schöpfung als einen weitergehenden Prozeß erkennen, an dem wir durch unser Lieben und Arbeiten Anteil haben. Dabei versteht Dorothee Sölle Liebe und Arbeit in einem umfassenden und ganzheitlichen Sinn, der den Menschen zur Entfaltung aller seiner schöpferischen Kräfte befreit, ihn für die Erhaltung und Bewahrung der geschaffenen Welt eintreten läßt und ihn dazu ermutigt, sich für Frieden und Gerechtigkeit in allen Bereichen des Lebens einzusetzen.

Aufrüstung tötet auch ohne Krieg
128 Seiten, kartoniert

Dorothee Sölles Reden und Aufsätze aus jüngster Zeit sind ein Dokument für das politisch-theologische Engagement einer Frau, die im Widerstand gegen den objektiven Zynismus des sogenannten Machbaren an der Vision von der Friedensfähigkeit des Menschen festhält.

Kreuz Verlag

Das Recht, ein anderer zu werden

Theologische Texte
Erweiterte Neuausgabe
186 Seiten, kartoniert

Diese erweiterte Neuausgabe eines lange vergriffenen Buches enthält 11 Beiträge, die für das Verständnis der Theologie Dorothee Sölles von großer Bedeutung sind.

Politische Theologie

Erweiterte Neuauflage
220 Seiten, kartoniert

»Dorothee Sölle gelingt es hier, klar und auch für den theologisch interessierten Laien verständlich, Rechenschaft abzulegen über ihre theologische Herkunft und einige der Linien auszuziehen, die folgerichtig zu dem führen, was heute mit dem vielfach mißverstandenen und ebenso häufig mißbrauchten Begriff ›Politische Theologie‹ bezeichnet wird.«
Evangelischer Buchberater

Leiden

233 Seiten, kartoniert

»Das Christentum als Bejahung des Lebens meint nichts anderes als ›die Fähigkeit, nicht aufzuhören zu lieben‹, darum zu wissen, daß eine Humanisierung des Leidens dann möglich wird, wenn unsere Bejahung Schmerz und Leiden einschließt.«
Basler Nachrichten

Kreuz Verlag